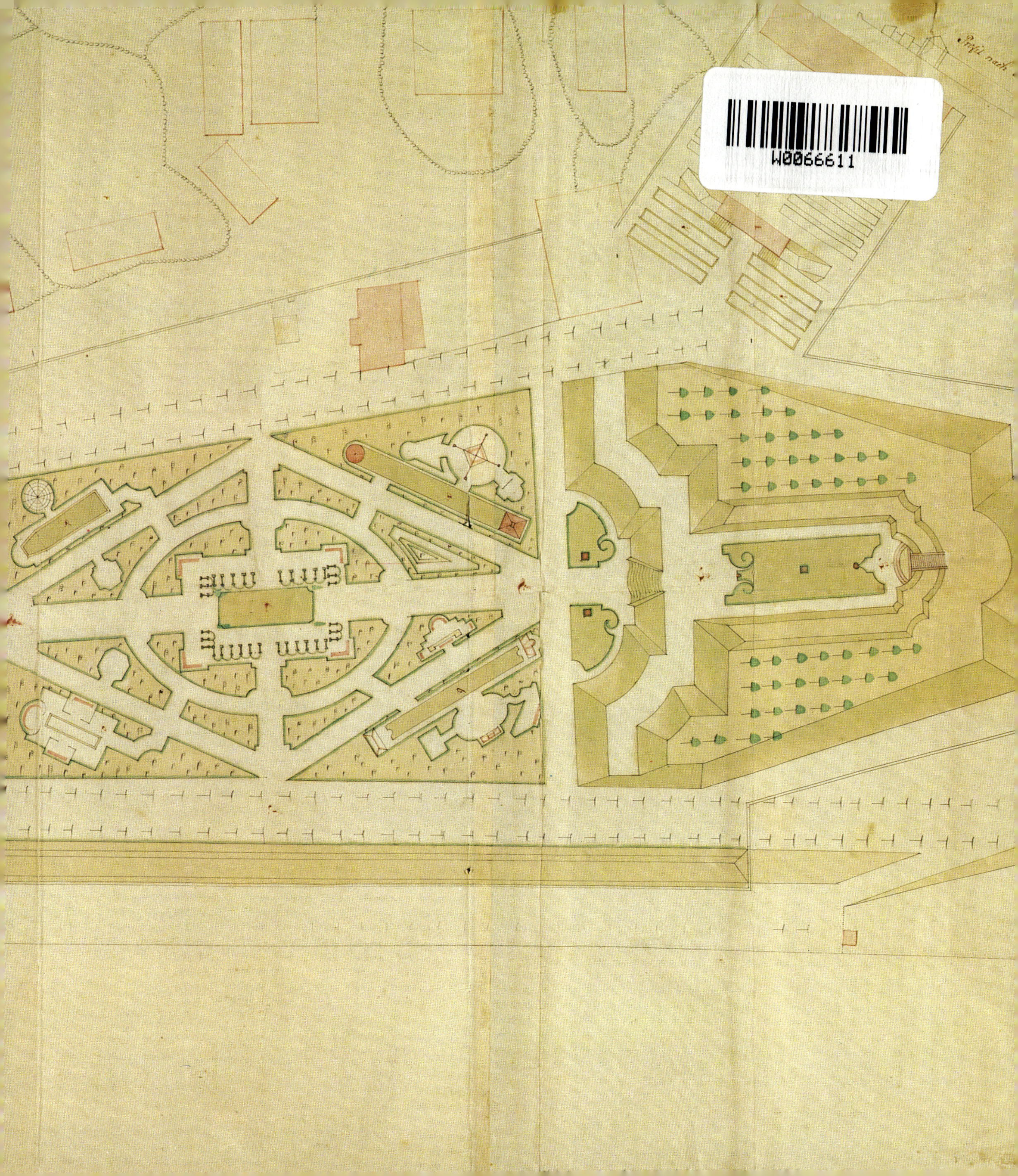

Das Kieler Schloß

Deert Lafrenz

DAS KIELER SCHLOSS

Der Fürstensitz Herzog Adolfs von Gottorf in Kiel

Christians Verlag
1987

Impressum

© by Hans Christians Verlag, Hamburg, 1987
Alle Rechte vorbehalten
Titelbild: Vogelschau von Schloß und Garten um 1740. Sepiazeichnung 63,7 : 46 cm, vermutlich von J. E. Randahl. Kreisbibliothek Eutin. (Ausschnitt, s. S. 11)
Vorsatz: Plan des Schloßgartens nach 1748. Von J. E. Randahl.
Landesarchiv Schleswig.
Rückentitel: Das Schloß Herzog Adolfs, erbaut 1558 bis 1568. Ansicht von Osten. Überarbeitete Rekonstruktion von Carl-Heinrich Seebach.
Bildernachweis
Der überwiegende Teil der photographischen Unterlagen stammt aus dem Archiv des Landesamtes für Denkmalpflege, weitere Unterlagen stellten das Landesarchiv Schleswig, die Landesbibliothek Kiel und die Kreisbibliothek Eutin zur Verfügung. Einzelne Originale wurden freundlicherweise vom Photographen des Amtes, Alfred Demmnick, und von Bernd Renard, Kiel, neu aufgenommen.
Gestaltung: Carsten Best
Herstellung: Christians, Hamburg
ISBN 3-7672-1027-4

CIP-Kurztitelaufnahme der Deutschen Bibliothek

Lafrenz, Deert:
Das Kieler Schloß / Deert Lafrenz. –
Hamburg: Christians, 1987
ISBN 3-7672-1027-4

Inhalt

Vorwort

Das vorliegende Büchlein möchte an ein Gebäude erinnern, das einmal zu den Hauptwerken der Renaissance in den alten Herzogtümern Schleswig und Holstein gehörte. Mehrfach umgebaut, zweimal durch Brand erheblich geschädigt, führte es in den letzten Jahrzehnten bis zu seiner Zerstörung im II. Weltkrieg ein weitgehend unbeachtetes Dasein. Bis zum Abbruch der ausgebrannten Ruine Anfang der sechziger Jahre wurde es von der kunstgeschichtlichen Forschung gar nicht oder nur am Rande erwähnt. Carl-Heinrich Seebach unternahm es damals, das umfangreiche Archivmaterial, auf das schon Johannes Biernatzki Ende des vorigen Jahrhunderts hingewiesen hatte, aufzuarbeiten und zusammen mit seinen Untersuchungen an den Bauresten sowie seinen Grabungsergebnissen zu veröffentlichen. Das opulente Werk, 1965 als Band 9 der «Studien zur Schleswig-Holsteinischen Kunstgeschichte» erschienen, blieb allerdings infolge seiner geringen Auflage hauptsächlich Fachkreisen vorbehalten. So sollen hiermit die wichtigsten Geschehnisse und Daten der Geschichte des Kieler Schlosses, des immerhin bedeutendsten historischen Bauwerks der Landeshauptstadt neben der gotischen Nicolaikirche, einem breiteren Leserkreis noch einmal vorgestellt werden, illustriert durch eine Auswahl des verfügbaren Bildmaterials. Bedauerlich bleibt, daß vom Inneren des Schlosses, bis auf ein paar Photographien, überhaupt keine Darstellungen überliefert sind. Wir wissen aus den alten Inventaren, daß es im 17. und 18. Jahrhundert überaus reich ausgestattet war. Ein kleiner Teil der früheren Gemäldesammlungen, auf die hier nicht weiter eingegangen werden kann, befindet sich heute verstreut in den Schlössern

Glücksburg, Eutin, Gripsholm und Frederiksborg. Zwei Bilder hängen im Kieler Rathaus.

Einen besonders schönen Fund zur Schloßgeschichte stellt die kürzlich in der Eutiner Kreisbibliothek zu Tage gekommene Vogelschau von Schloß und Garten aus den 1740er Jahren dar. Ebenso fanden sich dort ein weiteres Exemplar des im Landesarchiv Schleswig deponierten Gartenplanes von J. E. Randahl aus dem Jahre 1749 und vier von Landbaumeister Richter signierte Bestandszeichnungen des Schlosses aus der Zeit um 1770.

Bauherr des Schlosses zu Kiel war Herzog Adolf von Gottorf (1526–1586). Noch vor dem Ausbau seiner Hauptresidenz Gottorf widmete er sich dem mächtigen Neubau in Kiel. Im Laufe seiner zweiundvierzigjährigen Regierungszeit baute er darüber hinaus noch die Schlösser in Reinbek, Husum und Tönning. Kurze Darstellungen dieser Bauten sollen das Bild der bemerkenswerten Bautätigkeit Adolfs abrunden.

Ansicht von Kiel als Residenz des Herzogtums Holstein-Gottorf 1772. Ausschnitt aus dem Titelkupfer für die «Topographische Beschreibung des Herzogthums Holstein» von Johann Heinrich Schultze (Kiel 1772) nach einer Zeichnung von C. L. Wasmuth. Landesbibliothek Kiel.

Einleitung

Die schleswig-holsteinische Architektur des 16. Jahrhunderts steht nur noch in Bruchstücken aufrecht, und das, was von ihr schriftlich oder bildlich überliefert ist, stellt sich zumeist recht holzschnittartig dar – durchaus auch im wörtlichen Sinne, denn in manchen Fällen sind Holzschnitte tatsächlich das einzige, was wir an konkreter Kenntnis von längst verschwundenen Gebäuden jener Zeit haben. Die Verluste einer reichen Kulturepoche, der Renaissance, die hierzulande im wesentlichen die Zeit zwischen der Reformation und dem Dreißigjährigen Krieg einnimmt, sind oft beklagt worden. Mehr noch als in anderen Kunstlandschaften sind in Schleswig-Holstein Schlösser und Herrenhäuser, und diese noch in besonderem Maße, Kriegszerstörungen ausgesetzt gewesen; Verfall, Abriß oder auch Modernisierungen bis zur Unkenntlichkeit taten ein übriges. Zwar stehen, gewissenmaßen als Leitfossilien unserer Kenntnis, Glücksburg, Husum, Hoyerswort, umfangreiche Teile von Gottorf, Nütschau, Seedorf, Ahrensburg und nicht zuletzt Reinbek – um die wichtigsten zu nennen –, wieviel mehr aber ist verloren, und auch die wenigen überkommenen Bauten zeigen nur mehr Reste ihrer einstigen Zier und Ausstattung.

Dies ist um so bedauerlicher, als sich insbesondere auf dem Gebiet der landesherrlichen und der für das Land charakteristischen Gutsarchitektur der Übergang vom späten Mittelalter zur frühen Neuzeit offenbar stürmisch vollzogen hat. Diese Entwicklung umfaßte nur wenige Jahrzehnte und ging, unter Verarbeitung vielfältigster Einflüsse auch aus dem weiteren europäischen Umfeld, einher mit einer enormen Steigerung der Lebensbedürfnisse und des allgemeinen Kulturbewußtseins.

Ist unser Bild der mittelalterlichen Architektur des Landes hauptsächlich von den allein noch erhaltenen kirchlichen Bauwerken bestimmt, so tritt am Beginn der Neuzeit, und zwar seit den dreißiger Jahres des 16. Jahrhunderts, der Profanbau mit aufwendigen Schloßbauten der Landesherren ebenso wie mit facettenreichen Um- und Neubauten des Landadels ins Blickfeld. Spätestens in der zweiten Jahrhunderthälfte, einer Zeit zunehmender politischer Konsolidierung und wirtschaftlicher Prosperität, verdichtet sich diese Entwicklung zu einer festumrissenen Epoche der Architekturgeschichte.

Ihr Anfang ist gleichzusetzen mit der Person Friedrichs I., Schleswiger Herzog von 1490 bis 1533 und König von Dänemark seit 1523. Friedrich erneuert noch als katholischer Fürst im Zuge einer allgemeinen, letztlich vergeblichen Klosterreform das Schleswiger Franziskanerkloster ab 1499 von Grund auf und baut nach 1500 anstelle der mittelalterlichen Burg Kiel ein neues, das spätere Alte Schloß, als künftigen Witwensitz für seine erste Frau, Herzogin Anna. Weiterhin läßt er in der Bordesholmer Klosterkirche 1514 die bedeutende, noch ganz im Geiste der Spätgotik gehaltene Bronzetumba, wohl auch wenige Jahre später den hochberühmten Brüggemann-Altar aufstellen und beginnt schließlich, in seinen letzten Lebensjahren, den gewaltigen Westflügel seiner Residenz Gottorf.

Zur gleichen Zeit, um 1530, errichtet Johann Rantzau, als Amtmann von Steinburg und königlicher Statthalter in den Herzogtümern der bedeutendste unter Friedrichs Räten, den künftigen Stammsitz seiner Familie, Breitenburg, in der Störniederung bei Itzehoe. Später dann, 1547, baut er Bothkamp südlich von Kiel, wohl den ersten reinen Renaissancebau im Norden, von dem Johanns Sohn Heinrich in unbekümmerter Übertreibung meinte, daß er an Kunst und Schönheit – sowie an Kosten – auch jeden adeligen Herrensitz überträfe.

Vater und Sohn Rantzau stehen als Synonyme einer Entwicklung, in deren Verlauf sich auf dem Hintergrund eines beständigen Machtzuwachses der Ritterschaft im politischen Raum die mittelalterliche Hofwirtschaft zur modernen Gutswirtschaft

Vogelschau von Schloß und Garten um 1740. Sepiazeichnung 63,7 : 46 cm, vermutlich von J. E. Randahl (vergleiche seinen Plan von 1748 auf S. 77). Kreisbibliothek Eutin.

wandelt. Aus dem bisherigen Streubesitz des Adels werden durch Aufkauf von Bauernstellen, häufig genug auch durch die Zwangsmaßnahmen des berüchtigten «Bauernlegens», großflächige Güter, denen die umliegenden Dörfer zins- und dienstpflichtig werden. Macht, Einfluß und ein Übermaß an Privilegien, gepaart mit zunehmender Bildung und Weltgewandtheit fordern ihre sichtbare Repräsentation im Wohnen, in der Architektur. Der dumpfe mittelalterliche Wohnturm kann dem nicht mehr Genüge leisten. In ganz ausgeprägtem Maße wird die Familie Rantzau in der zweiten Hälfte des 16. Jahrhunderts auch auf dem Gebiet der Architektur zum ebenbürtigen Mitstreiter und Widerpart der regierenden Fürsten. Einer Stammtafel der Familie von 1587 mit farbigen Randleisten-Bildern von 50 im Besitz der Rantzaus befindlichen Herrenhäusern verdanken wir immer noch die umfassendste Kenntnis der gebauten Zeugnisse jener Zeit.

Wenn hier über das Kieler Schloß berichtet werden soll, werden viele, selbst mancher ältere Bewohner der Landeshauptstadt, erst einmal fragen: Hat es in Kiel überhaupt ein Schloß gegeben – oder ein Bauwerk, das der landläufigen Vorstellung eines Schlosses entsprochen hätte?

Dem jetzt so bezeichneten nüchternen Baublock der sechziger Jahre hat man – völlig überflüssigerweise – an alter Stelle einen Treppenturm angefügt, offenbar um dem Ortsunkundigen ein notwendiges Zeichen zu geben: daß dies nämlich «das Schloß» sei. Es steht allerdings in ähnlichen Dimensionen und exakt an der Stelle des historischen Schlosses, das mit seinen ältesten Teilen aus dem 16. Jahrhundert stammte und dessen Vorgängerbauten bis in die Gründungszeit Kiels im frühen 13. Jahrhundert zurückreichten.

Der vor dem «Schloß» auf Betonstützen ruhende marmorbewehrte Flachbau nimmt die Stelle des barocken Südflügels ein, und im Westen anschließend steht der einzige, im Krieg einigermaßen unzerstört gebliebene Rest der alten Schloßanlage, der von Domenico Pelli 1695 zusammen mit jenem Südflügel erbaute Westflügel, der heute irrigerweise «Rantzaubau» genannt wird.

*Oben: Der wiederhergestellte Westflügel des Pelli-Baues.
Aufnahme 1968.
Unten: Das heutige Schloß. Erbaut 1961 bis 1963 von den
Architekten Sprotte und Neve. Aufnahme von Norden 1974.*

Oben: Modell des Schloßbezirks um 1750, von D. Lange 1965.
Landeshalle im Kieler Schloß.
Unten: Modell der neuen Schloßanlage von Norden 1960.
Oben der Konzertsaal, in der Mitte die Landeshalle.

Auch von denen, die noch eine Vorstellung vom ehemaligen Schloß haben – aus eigener Anschauung oder vom Hörensagen –, werden die wenigsten wissen, daß es eines der frühesten und mächtigsten Renaissanceschlösser in Schleswig-Holstein war, das trotz vielfacher und meist entstellender Umbauten bis zur Zerstörung im Jahre 1944 überlebt hat.

Als Nebenresidenz und Witwensitz der Gottorfer Herzöge stand es selten einmal im Brennpunkt der verwirrenden Landesgeschichte, die doch über weite Strecken identisch war mit der wohl noch komplizierteren Geschichte des Hauses Holstein-Gottorf. Es war häufig unbewohnt und akutem Verfall ausgesetzt. Wer die haarsträubenden Berichte der chronisch unter Geldmangel leidenden Bauinspektoren aus dem 18. Jahrhundert liest, muß sich wundern, daß es nicht viel früher, wie die meisten anderen Staatsbauten des Landes, von der Bildfläche verschwunden ist. Die kunstgeschichtliche Forschung hat demgemäß lange gebraucht, es als Gegenstand überhaupt wahrzunehmen.

Burg und Schloß Kiel

DIE GRÜNDUNG DER SIEDLUNG «TOM KYLE» DURCH GRAF ADOLF IV. VON SCHAUENburg in den dreißiger Jahren des 13. Jahrhunderts bedeutete den Höhepunkt seiner Kolonisation Ostholsteins und steht für den vergeblich gebliebenen Versuch der Schauenburger, von Kiel aus, zusammen mit den wenige Jahre später gegründeten Häfen Neustadt und Heiligenhafen, den Lübeckern das Handelsmonopol auf der Ostsee streitig machen.

Die topographischen Voraussetzungen für die Anlage eines geschützten Hafens an der inneren Kieler Förde waren ideal: eine annähernd kreisförmige Moränenkuppe, bis auf eine schmale Landbrücke im Norden von Wasser und sumpfigen Niederungen umgeben, auf der der Stadtgrundriß planmäßig nach Lübecker Vorbild abgesteckt werden konnte; nordöstlich zwischen Landzugang und Förde die höchste, auf zehn Meter über NN ansteigende Erhebung, wie geschaffen für den Bau einer Schutzburg.

Adolfs Sohn Johann I. verlieh dem Ort schon 1242 Stadtrecht und bestimmte 1250 die Burg zu seiner Residenz. Wir wissen nicht, wie die mittelalterliche Burg der Schauenburger ausgesehen hat, doch bereits 1261 muß sie gut befestigt gewesen sein, als sie einer einmonatigen Belagerung durch Herzog Albrecht von Braunschweig standhielt. Im Laufe des 14. Jahrhunderts wurde die Burg in einen Mauerring um die Stadt mit Toren und Türmen einbezogen, zum Land hin ein Burggraben zwischen «Kleinem Kiel» und Förde als zusätzliche Sicherung angelegt.

Aus dem Jahre 1474 ist ein erstes Schloßinventar überliefert, in dem einige Gebäude erwähnt werden, die in dem Eid des Burghauptmannes Heinrich von Ahlefeldt 1488 erneut auftauchen. Dort ist die Rede von dem «langen hus», dem Stall, der «moltmole (Malzmühle) vor der stat, de tom slote hort» und der «nyen mole», die an der Schwentine lag. Die Spuren der mittelalterlichen Burganlage wurden durch die umfangreichen Bauvorhaben im 16. Jahrhundert weitgehend verwischt. Bei Grabungen, die während des Abbruchs der Ruine (1960–62) durchgeführt wurden, fand man lediglich Fundamentreste eines kleinen Hauses aus dem 13. Jahrhundert.

Am 4. April 1460 wurde auf der Burg die sogenannte «Tapfere Verbesserung» des Ripener Vertrages abgeschlossen. Am 5. Februar des Jahres 1500 fand hier die Verlobung der Nichte Herzog Friedrichs I., Elisabeth, mit Kurfürst Joachim I. von Brandenburg statt. Die Schwester des Kurfürsten, Anna, wurde 1502 Friedrichs erste Frau.

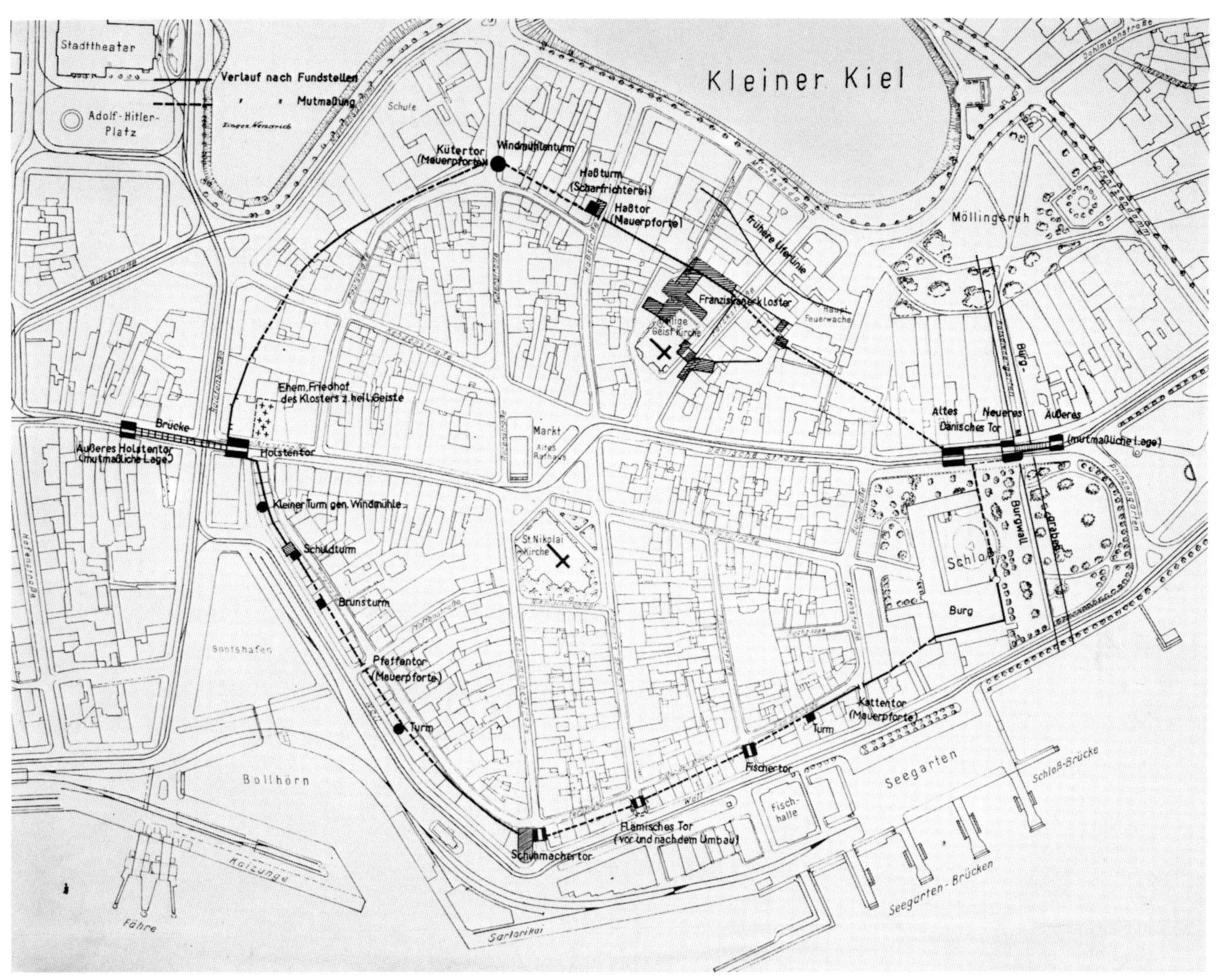

*Stadtplan aus den dreißiger Jahren mit Eintragung der
mittelalterlichen Stadtbefestigung.*

Arx Ado
Düc

Das Kieler Schloß auf der Stadtansicht von Johan Greve 1585 (Ausschnitt). Kupferstich 49,5 : 37 cm. Ursprünglich für Braun und Hogenbergs Werk «Civitates Orbis Terrarum» angefertigt, aber verworfen. Einzig erhaltenes Blatt in der Staats- und Kreisbibliothek Augsburg.

Das «Neue Haus» Herzog Friedrichs I. (1471–1533)

MIT DER TEILUNG SCHLESWIG-HOLSTEINS VON 1490 ZERFIELEN DIE HERZOGTÜMER IN einen jeweils königlichen und einen herzoglichen, den Gottorfer Anteil. Friedrich, der jüngere Bruder des dänischen Königs Johann (1481–1513) aus dem Hause Oldenburg, übernahm den Gottorfer Anteil, zu dem auch Kiel gehörte, und wurde zum Begründer des gleichnamigen Herzogshauses.

Friedrich residierte auf Schloß Gottorf. Das Amt Kiel mit der dortigen Burg bestimmte er wenige Tage nach seiner Heirat im Jahre 1502 zum Witwensitz und Leibgedinge seiner Frau, der Herzogin Anna. Offenbar war dies der unmittelbare Anlaß für einen der Herkunft seiner Frau angemessenen Neubau. Die mittelalterlichen Gebäude, erst 1495 aus jahrzehntelanger Verpfändung an die Stadt Lübeck gelöst, mögen wohl in verwahrlostem Zustand gewesen sein und wurden vermutlich jetzt vollkommen abgeräumt.

Spätestens 1512 ist der Neubau fertig gewesen. In diesem Jahr wird er jedenfalls erstmals in einem Inventar genannt, das dem 1511 zum Amtmann ernannten Sievert von der Wisch übergeben wird – wahrscheinlich doch aus Anlaß der Fertigstellung und Übergabe an den Bauherrn. Das Inventar erwähnt ausdrücklich das «Neue Haus» mit Fürstenstube und Jungfrauenstube, ferner werden aufgeführt: Küche, Knechtskammer, Silberkammer, Burgstube sowie Backhaus und Pferdestelle.

Aus Baurechnungen, den wenigen alten Ansichten und aus Grabungsbefunden ergibt sich ein ungefähres Bild des Neuen Hauses. Demnach war es ein dreigeschossiger Backsteinbreitbau von sechs Achsen mit steilem Satteldach. Mit den Langseiten zur Stadt bzw. zum Burgplatz gerichtet, maß das Gebäude etwa 30 Meter in der Länge und 16 Meter in der Tiefe. Vor der nordöstlichen Hoffront stand ein Treppenturm, auch «Wendelstein» genannt, über den man in damals üblicher Weise die oberen Geschosse erreichte. Das Erdgeschoß war gewölbt, die beiden Obergeschosse hatten Balkendecken.

Die Stadtansichten von Grewe und Hogenberg, gezeichnet ein Menschenalter später, zeigen den Bau mit einem stattlichen Kranz welscher Giebel, den Turm mit Zwiebelhaube. Beide Motive sind am ursprünglichen Bauwerk noch nicht denkbar. Es wird einem zu jener Zeit gängigen Bautypus entsprochen haben, wie ihn etwa das von dem deutschen Baumeister Adam von Düren von 1499 bis 1505 errichtete Glimmingehus in Schonen verkörpert, wobei für Kiel ähnliche Treppengiebel und gaubenlose Dachflächen zu vermuten sind.

Herzog Adolf von Holstein-Gottorf (1526–1586)

Echte Förderer einer Renaissancearchitektur im Lande, so wie sie eine solche zumindest bewußt verstanden, wurden die Söhne Friedrichs und seines Rates Johann Rantzau, Herzog Adolf und Heinrich Rantzau. Sie waren, neben allem was sie sonst umtrieb, von einer wahren Bauwut besessen.

Adolf, der von der Geschichtsschreibung als Stürmer, Dränger und Abenteurer bezeichnet wird, übernahm nach der erneuten Landesteilung von 1544 als Achtzehnjähriger das Gottorfer Herzogtum. Mit Heinrich Rantzau verband ihn ein längerer Aufenthalt am kaiserlichen Hofe Karls V., der beiden den geistigen Horizont über die in vielem noch dem Mittelalter verhaftete Begrenztheit des Heimatlandes hinaus

*Herzog Adolf von Holstein-Gottorf (1526–1586). Ölgemälde,
anonym, angeblich um 1630 gemalt. Schloß Eutin.*

weitete. Als Reiterführer auf allen europäischen Kriegsschauplätzen zu Hause, wurde Adolf doch erstaunlicherweise zugleich seiner Rolle als Landesherr des kleinen Herzogtums gerecht. Nicht zuletzt das Projekt eines Kanals zwischen Nord- und Ostsee zeugt von einem, wenn auch wohl überspannten handelspolitischen und strategischen Denken. Er half einerseits die Bauernrepublik der Dithmarscher vernichten und betrieb auf der anderen Seite ebenso tatkräftig die Bedeichung der Westküste. Als Vorläufer der späteren Landesuniversität kann man sein Schleswiger Paedagogium publicum ansehen, das allerdings über seinen Tod 1586 hinaus keinen Bestand hatte. Sein persönliches Interesse an den Wissenschaften wird aus den überlieferten Titeln der von ihm begründeten Gottorfer Bibliothek ablesbar. Sichtbare Zeichen seines ausgeprägten Kunstsinns sind oder waren nicht nur seine Schloßbauten, sondern auch das von ihm zusammen mit den Brüdern, König Christian III. und Herzog Johann von Hadersleben, bei dem Antwerpener Bildhauer Cornelis Floris in Auftrag gegebene Marmorgrabmal für ihren Vater, den im Schleswiger Dom begrabenen Friedrich I. 1564 ehelichte Adolf Christine von Hessen, Tochter des Landgrafen Philipp des Großmütigen, desselben, der sich früh auf die Seite Luthers geschlagen und damit zum Erfolg der Reformation beigetragen hatte.

Adolfs Schloß zu Kiel

FÜR DAS JAHR 1558 SIND IN DEN RECHNUNGEN DES KIELER ST. NICOLAI-ZIEGELHOFES
erste Steinlieferungen für einen Neubau auf dem Schloßhügel verzeichnet. Zu dieser
Zeit wohnte dort Adolfs Mutter Sophia von Pommern, zweite Frau und Witwe König
Friedrichs I., die ihren Mann um 35 Jahre überlebte. Am 22. September des Jahres bat
sie ihre getreue Bürgerschaft, «zu unserm angefangenen und vorhabenden Gebawte
zum Kiele» Hilfe zu leisten, indem «noch jeder einen tagk Veldsteyne fueren lassen»
solle.

Das neue Gebäude, das erheblich mächtiger werden sollte als sein Vorgänger von
1512, wurde im rechten Winkel zu diesem hart an das hier steil abfallende Fördeufer
gesetzt. Beide Häuser waren durch einen mit Blei gedeckten Laubengang, den soge-
nannten «Bleigang», verbunden. Größe und Lage des Schlosses über der Stadt ver-
sinnbildlichten nach wie vor die ehemalige Schutzburg – vermutlich in sehr viel ein-
drucksvollerer Weise als die mittelalterlichen Bauten. Vor Baubeginn mußte ein Teil
der hier verlaufenden Stadtmauer abgebrochen werden. Der zur Wasserseite etwa
neun Meter hohe Granitsockel des Neubaues wurde in die Verteidigungslinie des
Mauerringes um die Stadt mit einbezogen: Nur wenige schmale Schießscharten öff-
neten sich in der abweisenden Wand aus glatt behauenen Quadern.

Das darüber aufgehende Bauwerk vereinigte Althergebrachtes mit zu jener Zeit
Hochmodernem, mittelalterliche Gotik mit vorzüglich durchgebildeten Elementen
der aktuellen Renaissance-Baukunst. Burg und Schloß in einem, bezeichnet der
Neubau Herzog Adolfs in eindringlicher Weise die Stilwende der Architektur des
16. Jahrhunderts im Norden.

Oben:
Das Schloß Herzog Adolfs, erbaut 1558 bis 1568. Ansicht von Osten. Überarbeitete Rekonstruktion von Carl-Heinrich Seebach.
Rechts:
Teilaufmaß der Ostfront des Herzog-Adolf-Baues mit «welschen Giebeln» und Erkertürmchen. Gezeichnet von J. G. Rosenberg 1760 (vgl. Abbildung S. 56).

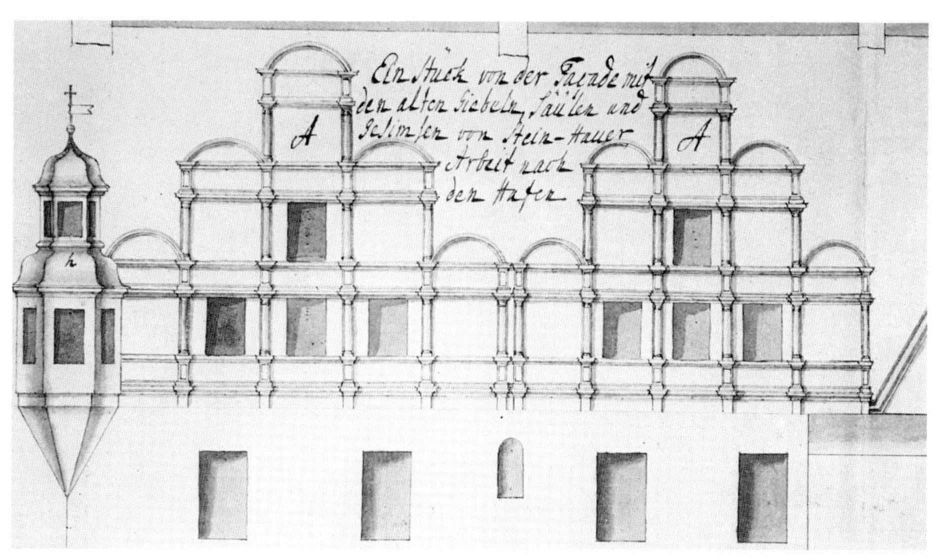

Wie Johann Rantzaus Breitenburg und Friedrichs Gottorfer Westflügel war auch das
Kieler Schloß aus vier parallelen Häusern zusammengefügt – anders als jene jedoch
äußerlich ein homogener Baublock, der lediglich in den vier nebeneinander liegenden Satteldächern und ebenso vielen Giebeln an jeder Langseite seine innere Struk-
tur erkennen ließ.

Über dem Granitsockel erhoben sich drei Geschosse, in klosterformatigem Backstein gemauert, ebenfalls glatt, schmucklos und ohne Gliederungen, aber durchbro-
chen von großen Fenstern, die streng in Achsen geordnet und in ihrer Gruppierung
ebenfalls auf die vier Parallelhäuser bezogen waren, an der Wasserseite zu jeweils
zweien, an der Hofseite zu dreien. Am Schloßhof war somit der Festungscharakter,
da auch der Granitsockel hier weitgehend im höheren Bodenniveau verschwand,
vollkommen aufgegeben zugunsten einer reich durchfensterten Fassade, die sicht-
lich den überwiegenden Wohncharakter des neuen Schlosses betonen sollte.

In deutlichem Gegensatz zu den schmucklosen Backsteinwänden der aufgehenden
Geschosse stand die Dachzone mit einem Kranz von zwölf hohen Giebeln – außer
den jeweils vieren über den Langseiten noch je zwei an Zwerchhäusern über den
Schmalseiten –, die aufwendig mit plastischen Sandsteingliederungen versehen
waren. In einem Schloßinventar von 1706 lesen wir: «Alle Giebeln sind unten her
mit zwey Reihen Geseemsen (Gesimsen), über welchen, wie auch zwischen den Gie-
belfenstern zum Zierraht, geriefelte Säulen, dann zuoberst in den Schultern vor
jeder Giebel fünf ausgehauene Köpfe und über alle Fensterluchten des gantzen
Gebäudes, die Cornichen (ebenfalls Gesimse) von gotländischen Steinen gemachet.
... Die an jeden Giebel befindliche fünf rund erhobene Schultern sind mit Bley
bedecket.»

Eine glücklicherweise erhalten gebliebene Aufmaßzeichnung des Landbaumeisters
Johann Gottfried Rosenberg von 1760 illustriert diesen Text. Sie zeigt fünfteilige
«welsche» Giebel mit vier Lagen doppelter Gesimse, Halbsäulen toskanischer Ordnung auf Postamenten, sowie je fünf segmentbogigen Aufsätzen, eben den «rund

erhobenen Schultern». Es fehlen die «ausgehauenen Köpfe», die wohl in den Bogenaufsätzen gesessen haben; sie mögen in der Zwischenzeit verlorengegangen oder
vom Zeichner unterschlagen worden sein.

«Welsche» Giebel dieser und ähnlicher Art breiteten sich in der ersten Jahrhunderthälfte als ein typisches Renaissancemotiv von Oberitalien, genauer gesagt von Venedig über Mitteldeutschland, Westfalen und Niedersachsen, wo es zur Leitform für
die dortige Weser-Renaissance wurde, in den Norden aus.

Als Urformen gelten immer noch die Kirche San Zaccaria und die Scuola di San
Marco in Venedig, beide in den Jahren vor 1500 von dem Architekten und Steinmetzen Mauro Codussi vollendet. Trotz vieler Zwischenstufen und des zeitlichen
Abstandes fallen sehr klare Übereinstimmungen in den Gliederungsprinzipien zwischen Kiel und dem fernen Venedig auf, wie insbesondere die doppelten Gesimse
und die durchlaufenden Vertikalen.

Örtlich und zeitlich näher und damit vielleicht auch direkter als Vorbild zu sehen
sind die gleichzeitig oder kurz vorher am Schweriner Schloß von Johann Baptist Pahr
errichteten Giebel. Mit dem Schweriner Hof verbanden Adolf enge verwandtschaftliche Beziehungen. Seine ältere Schwester Elisabeth war seit 1556 mit Herzog Ulrich
III. von Mecklenburg verheiratet, auch seine jüngere Schwester Dorothea und seine
Tochter Sophia ehelichten Mecklenburger. Pahr war später am Schloßbau in Tondern nachweislich in Adolfs Diensten. Die hohe Qualität der Kieler Giebel macht
seine Einflußnahme zumindest denkbar. Es liegt nahe, die auf den oben genannten
Stadtansichten identisch wiedergegebenen Giebel des alten Schlosses in die Zeit des
Neubaues unter Adolf zu datieren.

Rosenbergs Aufmaß zeigt auch die in den Bauakten des Schlosses mehrfach genannten «Wachttürme», kleine mit Laternen bekrönte Erker über achteckigem Grundriß
an den Gebäudekanten der Wasserseite. Sie waren gestalterisch Pendants zu den großen, ebenfalls achteckigen Treppentürmen, die die Hofseite flankierten. Identisch
ausgebildet, überragten diese das Gebäude mit ihren Turmstuben und den markan

ten Zwiebelhauben. Beide standen als Erkennungsmerkmale des Renaissancebaues bis zur Zerstörung 1944, der südliche seit 1770 ohne Haube, als man für astronomische Beobachtungen an ihrer Stelle eine Aussichtsplattform errichtete. Vom mittelalterlichen Burgenbau übernommen war der dreigeschossige Aborterker, der zentral vor der Wasserfront auf drei ausladenden Granitkonsolen ruhte.

Alle Dächer, auch die der Türme waren mit Schiefer gedeckt. Die Türme trugen vergoldete Kugeln und Wetterfahnen. 1706 waren die Außenwände «mit Kalck beworffen, so aber hin und wieder abgefallen.»

Das Innere des neuen Schlosses war klar und weiträumig gegliedert, entsprechend der Disposition der vier Parallelhäuser. Jeweils vier zweischiffig gewölbte vierjochige Säle erstreckten sich im Erdgeschoß und im ersten Obergeschoß durch die ganze Tiefe des Gebäudes. Im ersten Obergeschoß lag nördlich die Schloßkapelle, die mit ihren Gewölben bis ins zweite Obergeschoß reichte und nach außen an drei Seiten durch hohe Spitzbogenfenster kenntlich war.

Da der überwiegende Teil der gewölbten Säle des Erdgeschosses bis 1944 erhalten war, können wir uns anhand von Plänen und Photographien ein recht genaues Bild dieser Räume machen. Ohne Zweifel waren es die bedeutendsten profanen Innenräume, die hierzulande aus dem 16. Jahrhundert bekannt sind, und ihr Verlust ist noch heute zu bedauern. Ihre Besonderheit lag in der Verbindung unterschiedlicher Stilformen und in den mächtigen Raumproportionen. Die Gewölbe, rein gotische Sterngewölbe mit kräftig profilierten Birnstabrippen und gebusten Kappen, ruhten auf drei stämmigen Standsteinsäulen, an den Wänden auf polygonalen Konsolen. Säulenkapitelle und Wandkonsolen, letztere ebenfalls aus Sandstein, waren im modernen Formenrepertoire der Renaissance reich ausgearbeitet. Hohe und breite Fenster gaben den langgestreckten Räumen genügend Licht auch in die Tiefe; fast strahlend hell mögen die Säle an den Schmalseiten des Gebäudes gewesen sein, die von drei Seiten durchfenstert waren.

Der Anspruch dieser Räume wird in einem Vergleich mit der sehr viel kargeren Got-

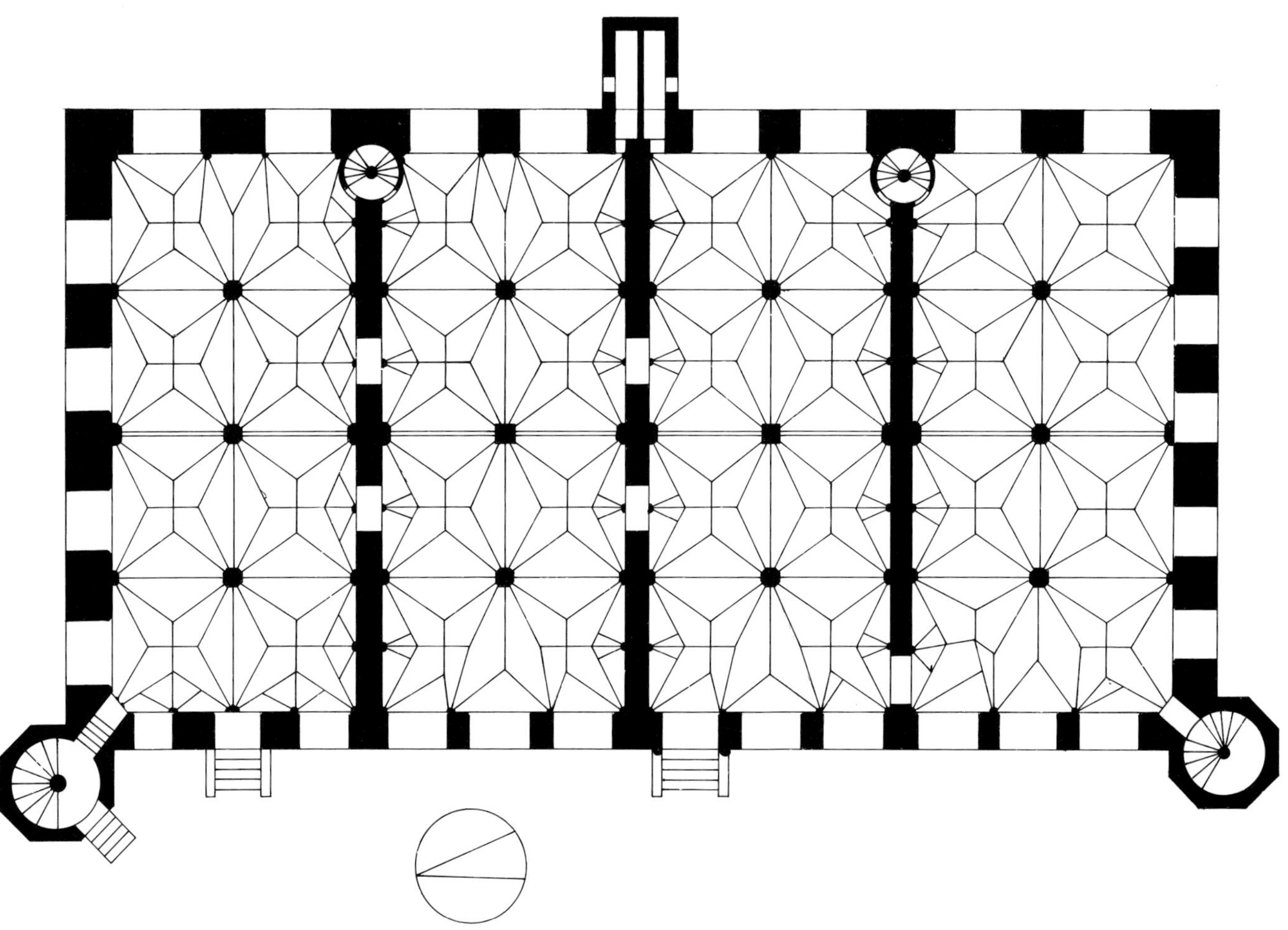

Erdgeschoßgrundriß des Herzog-Adolf-Baues. Rekonstruktion.

torfer Königshalle deutlich, die unter Friedrich I. etwa 40 Jahre zuvor entstanden
war.

In späterer Zeit unterteilte man die Säle vielfach nach den Bedürfnissen der jeweili-
gen Bewohner mit leicht gebauten Wänden, meist Fachwerkwänden, die ohne große
Mühe umgesetzt werden konnten. Ursprünglich scheinen die Säle, der regelmäßi-
gen Ausbildung ihrer Gewölbe nach, in voller Größe bestanden zu haben. Nur im
südlichen Haus mag es von Anfang an eine Teilung gegeben haben; dafür sprach der
abweichende Fensterrhythmus an der Südfassade, und auch im ersten Obergeschoß
werden die inneren beiden Häuser unterteilt gewesen sein, da hier die herzoglichen
Wohnräume lagen.

Der nördliche Saal im Erdgeschoß war die Hof- oder Burgstube, in der das Hofgesinde
seine Mahlzeiten einnahm. Die Bestimmung der übrigen Räume läßt sich nur in gro-
ben Zügen aus späteren Quellen erschließen. Der Haupteingang befand sich im
zweiten Haus von Süden; hier gelangte man über eine sechsstufige, mit Öländer Flie-
sen belegte Treppe durch ein von «geriffelten Halbsäulen» flankiertes Portal ins
Innere des Schlosses. Anschließend an die Schloßdiele lag im südlichen Haus der
herzogliche Eßsaal, darüber der Trabantensaal vor den herzoglichen Gemächern. Im
obersten ungewölbten Geschoß hatte Herzogin Christine sich ein sogenanntes
«Stammgemach» einrichten lassen, an dessen Wänden ihre Vorfahren aus dem
Hause Hessen auf Leinwandbildnissen mit erläuternden Inschriften festgehalten
waren. Pikanterweise gab es dort oben auch zwei lebensgroße Gemälde Herzog
Adolfs und der englischen Königin Elisabeth, um deren Hand Adolf einst angehalten
hatte.

Die weiträumigen, tonnengewölbten Keller nahmen Wirtschafts- und Nebenräume
auf, so vor allem die Schloßküche mit Backstube, Vorratsräume, Bier- und Weinkel-
ler. Noch unter dem letzteren, zu dem auch eine beheizbare Trinkstube gehörte,
befand sich das Gefangenenverließ, das durch einen schmalen unterirdischen Gang
vom südlichen Treppenturm her zu erreichen war. In den Giebelzimmern des Dach-

*Herzog-Adolf-Bau, Erdgeschoß. Zweiter Saal von Norden
mit Blick nach Westen. Aufnahme nach 1918.*

Hirschsaal im Nordflügel des Schlosses Gottorf aus der Zeit um 1595.
Nach Befund in den Jahren 1927 bis 1931 restauriert. Aufnahme 1932.

geschosses wohnten Bedienstete. Handwerker, die immer wieder gebraucht wurden,
wie Schieferdecker, Tischler und Steinmetz, wohnten ständig auf dem Schloß.
Festangestellte Baubeamte sind erst aus dem 18. Jahrhundert überliefert.
Wie waren die großen und sicher nicht sehr anheimelnden Räume und Säle dieses
Fürstenschlosses am Ende des 16. Jahrhunderts zum Wohnen ausgestattet? Nicht

nur nach heutigen Begriffen, sondern gemessen auch an den gesteigerten Bedürfnissen des 17. und 18. Jahrhunderts eher spartanisch. Die Fußböden waren mit Ziegeln ausgelegt, in den repräsentativeren Räumen mit «Astraken», das sind buntglasierte Tonfliesen, die häufig mit einfachen geometrischen Mustern verziert waren. Als Schmuck der kalkverputzten Wände dienten nach einem Inventar von 1567 «gemalte Tücher», auf den Putz gemalte Draperien, wie sie etwa im Gottorfer Hirschsaal erhalten sind und jüngst auch bei Restaurierungsarbeiten in Adolfs Schloß zu Reinbek in Resten zum Vorschein kamen.

Geheizt wurde mit großen steinernen Kaminen, auch wohl mit Kachelöfen und eisernen Öfen. 1631 nennen die Kieler Amtsrechnungen «4 krause gehauene steinerne Schornsteine» im Schloß. Auf der im Alten Schloß untergebrachten «Steinhauerkammer» fertigte 1612 der Steinmetz Henni Heidtrider seine berühmten Kamine für das Husumer Schloß. Da er für Kiel zur selben Zeit einen Brunnen auf dem Schloßhof in Arbeit hatte, liegt es nahe, ihn auch als Schöpfer der Kieler Kamine anzunehmen.

Die Ausstattung mit Möbeln beschränkte sich auf das Notwendigste. Außer Tischen und Stühlen gab es vielfach schlichte Bänke, die vom Hoftischler angefertigt wurden. Das Nachlaß-Inventar der Königin Sophia von 1568 nennt neben vielen Laden, Truhen und Kisten ein einzelnes «Kleiderschapp», auch ein «Kontor» (einen Schreibtisch). Zur Beleuchtung dienten Messingkronen mit Kerzen, die an den Gewölbepfeilern befestigt waren, oder einfache «Brandruten» an den Wänden, womit zum Teil wohl Fackeln, aber auch metallene Wandleuchter gemeint waren. Großer Wert wurde den Dingen des täglichen Lebens beigemessen, wie Tischzeug, Geschirren und Bestecken, die schon aus kostbarem Material waren, ebenso Bettlaken und Kissen.

Aufgeführt sind in jenem Inventar schließlich, neben einigen Laden mit Schmuckgegenständen, «Conterfeis» und «Historien», also Gemälde, an den Wänden.

Hofleben und Hofhaltung im 16. Jahrhundert

Ein frühes und wichtiges Dokument über das Leben am Kieler Hofe ist die überlieferte Hofordnung der Herzogin Christine aus dem Jahre 1588. Sie gibt in ihren Verhaltensmaßregeln, die von streng christlicher Grundhaltung geprägt sind, ein Sittenbild der Zeit wieder. So wird in ihr nicht nur ein christliches und «Gott wohlgefelligs Leben» gefordert, sondern ganz konkret «alles Fluchen, Gotteslestern, leichtfertige Schwören ... Völlerei und Mißbrauch, auch Verachtung göttlicher Gaben von Kost und Getrenke» mit schwerer Strafe bedroht. Der Burgfrieden wird mit dem Kernsatz beschworen: «Wie dann auch keiner auf den andern Wehre, tödliche Messer, Spiesse oder andere mördtliche Wehren zucken, viel weniger damit schlagen oder einander verwunden sollen».

Wesentliche Abschnitte der Hofordnung haben das Verhalten des Gesindes auf der Burgstube zum Inhalt. So durften Fremde nicht ohne Erlaubnis des Futtermarschalls in die Burgstube, die auch nur zu den Mahlzeiten geöffnet wurde, um «Winkelzechen» und «Winkelessen» zu vermeiden. «Vor und nach der Mahlzeit soll unser Futtermarschall drei mal mit seinem Stecken auf den Tisch schlagen, damit unser Hofgesinde zum Gebete und der Danksagung erinnert werde». Dafür gab es dann aber auch reichlich Essen und Trinken, Bier nicht nur zu den Mahlzeiten, sondern darüber hinaus ein Quart (das ist etwa ein Liter) nach Mittag als «Untertrunk», abends das gleiche «zum Schlaftrunke».

Eine gleichzeitig erlassene Speiseordnung regelte bis ins einzelne, wer an welchem Tisch seine Mahlzeiten einzunehmen habe, wieviel an Speisen jedem seinem Rang

Kamin aus dem Husumer Schloß von Henni Heidtrider. Ähnlich werden die Kamine für das Kieler Schloß ausgesehen haben.

Herzogin Christine von Holstein-Gottorf (1543–1604).
Ölgemälde, Schloß Gripsholm, Schweden.

und seiner Tätigkeit entsprechend zustehe und was mit den Essensresten zu geschehen habe.

Eine Darstellung der Hofhaltung auf dem Kieler Schloß kann im Rahmen dieses Büchleins nur grob umrissen werden. Hier bedarf es auch noch intensiver Forschung, um aus vielen kleinen, in den Quellen verstreuten Mosaiksteinen ein klareres Bild zusammenzusetzen. Erschwerend wird sich dabei erweisen, daß Kiel eben überwiegend nur Nebenresidenz oder Witwensitz gewesen ist, sein mehr privater Charakter nicht im entferntesten den Niederschlag in den Quellen wie etwa das offizielle Gottorf gefunden hat.

Seit alters residierte ein Amtmann auf dem Schloß, im 15. Jahrhundert auch unter dem Titel des Schloßhauptmannes; seine Funktion ist in etwa mit der des heutigen Landrates zu vergleichen. Unter Herzogin Christine hatte dieser Amtmann einen Schreiber, sowie Knechte und Jungen; ein spezieller Verwaltungsapparat begann sich hier in Kiel erst im Laufe des 17. Jahrhunderts herauszubilden.

Die Erwähnung von «Hofämtern» unter Christine zeigt noch aus dem Mittelalter überkommene Strukturen, die sich auch in späterer Zeit in Kiel nur wenig änderten. So gab es den Hofmeister, den Hausvogt, den Futtermarschall, Hauskoch und Pförtner. Wichtige Funktionen übten die Altfrau und der «Silberpfaff» aus. Sie waren für alle Arten von Hausrat sowie die Verwaltung und Pflege des Silbers zuständig, Dinge, die immer wieder sorgfältig gezählt und namentlich inventarisiert wurden. Ferner gab es Junker, auch Edelknaben und Lakaien, Mägde, Knechte und Jungen. Unter den genannten müssen etliche mit unterschiedlichen militärischen Aufgaben betraut gewesen sein, deren hauptsächliche in Friedenszeiten wohl der persönliche Schutz der Fürstlichkeiten und die Bewachung des Schloßbezirks gewesen sein. Die Versorgung des Schlosses leisteten die zum Amt und damit zum Leibgedinge gehörenden landesherrlichen Gutswirtschaften mit Meierhöfen, Mühlen, Forsten und Fischgründen, sowie der schloßeigene Garten, der in dieser frühen Zeit offenbar noch überwiegend Nutzgarten war. Bei größeren Bauvorhaben wurden auch die Bürger der Stadt zu Hand- und Spanndiensten herangezogen.

Zur Hofhaltung gehörten natürlich Wirtschaftsgebäude unterschiedlichster Art. So werden in den Kieler Amtsrechnungen zwischen 1595 und 1632 genannt: Gartenhaus, Wagenhaus der Herzogin, Waschhaus, Backhaus, Reisigenstall, Schlachthaus, Reithaus mit Reitbahn, Stall und Pforthaus. Man hat sich diese Gebäude als schlichte Fachwerkbauten vorzustellen, die häufig erneuert oder auch von Grund auf neu errichtet werden mußten. Ihre genaue Lage auf dem Schloßhügel ist erst in späterer Zeit lokalisierbar.

Die Schloßkapelle

GÄBE ES SIE NOCH, WÜRDE SIE DER GOTTORFER SCHLOSSKAPELLE DEN RANG STREITIG machen. 1838 brannte der Raum vollkommen aus, nachdem er schon 1764 seine Gewölbe und die hohen Spitzbogenfenster eingebüßt hatte.

Über das Aussehen der Schloßkapelle gibt, neben verstreuten Hinweisen in den Baurechnungen und einigen wenigen Zeichnungen, wieder das Inventar von 1706 Aufschluß: «Selbige ist in der Nordostende des alten Gebäudes . . . von 2 Etagen hoch, oben mit ein Creutzgewölbe geschlossen, so in der Mitten, auf 3 gantz hohe, von Gottländischen Steinen rund gehauene und geriefelte Seülen ruhet . . .

Alhie ist in der Höhe, längst der einen Seite und am Ende nach Nordwesten eine Gallerie nach Gotischer Structur von Gottländischen Steinen in der Mauer befestiget. Welche unten her, auf 25 geriefelte Seülen, so mit Postamenten und Dorischen Capiteln versehen, ruhet, . . . Selbige Gallerie, ist nach den darunter stehenden Seülen, in 24 Fächer abgetheilet, zwischen jedes Fach ist eine kleine Corintische Seüle und jede

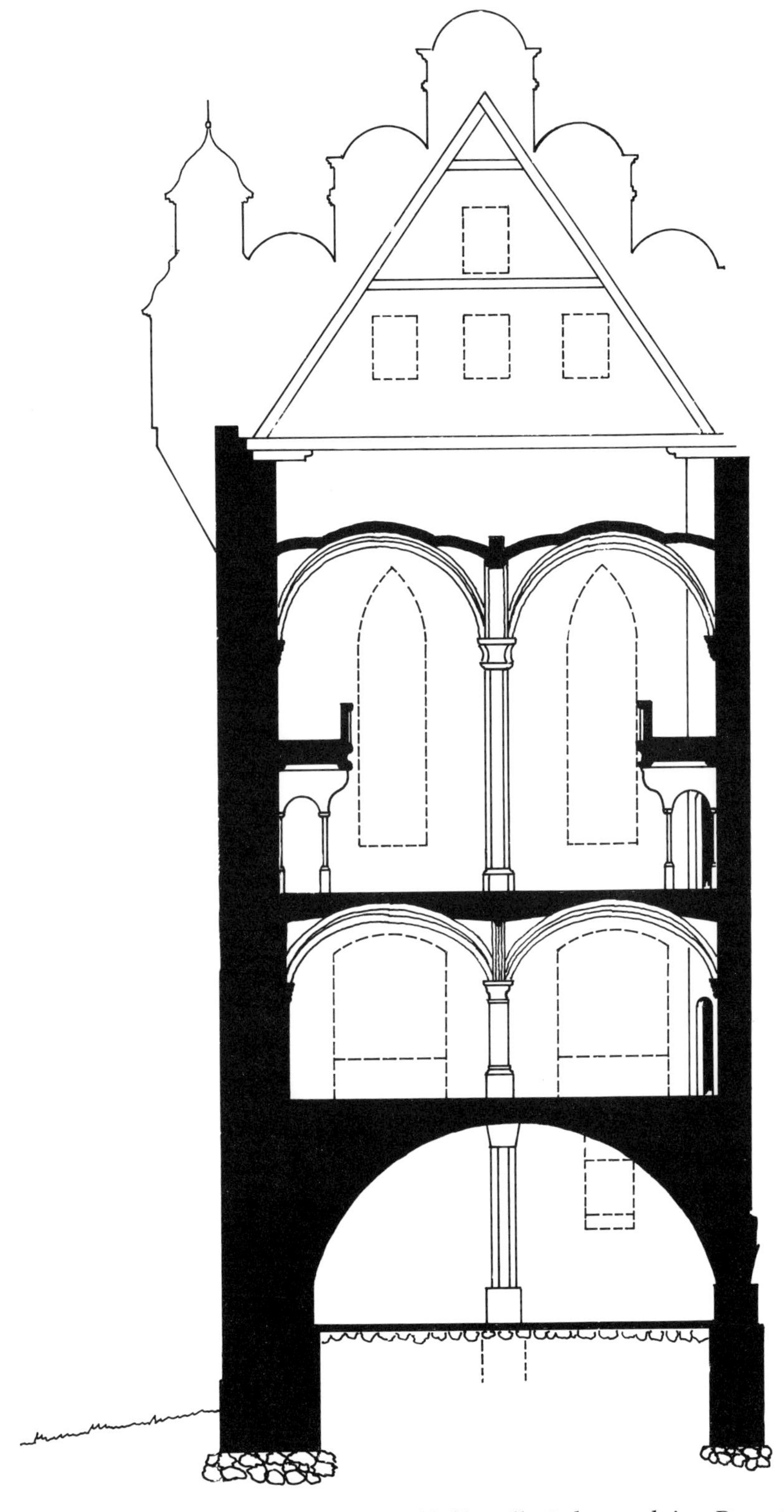

Querschnitt durch die Schloßkapelle. Rekonstruktion. Darunter
im Erdgeschoß die Burgstube, im Keller die Schloßküche.

Unten:
Die Empore der Schloßkapelle. Aufmaß von Fr. Chr. Heylmann
1816. Landesarchiv Schleswig.
Rechts:
Schnitt durch die Empore in der Schloßkapelle
von Heylmann 1816.

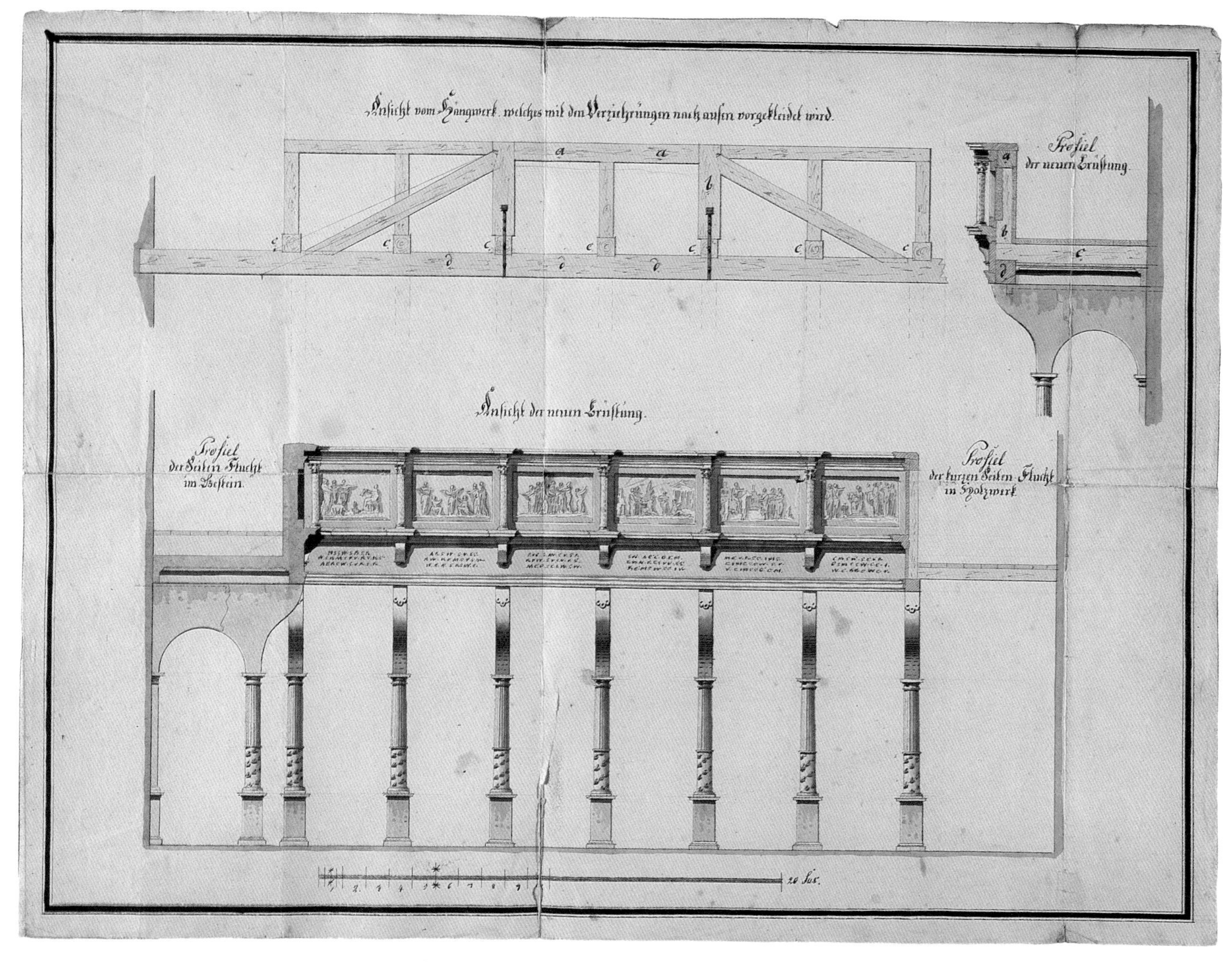

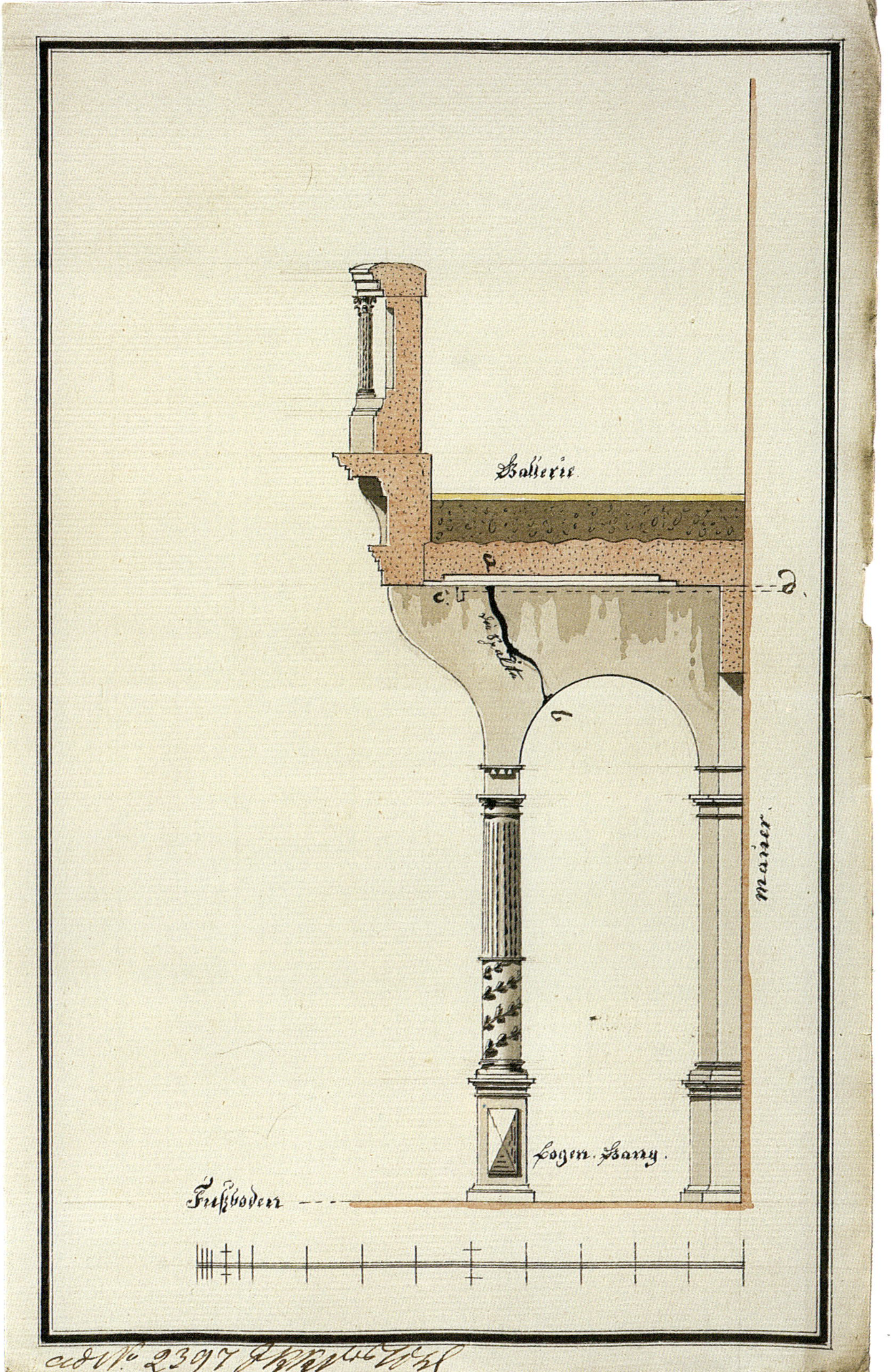

Gallerie.
a
b
c
d
zu Spalte
Mauer
Fußboden
Bogen Gang.
ad No 2397

Füllung dazwischen mit eine Biblische Historia in Alabaster gehauen, ausgezieret, welche Arbeit Zier vergüldet, aber hin und wieder abgestoßen. Oben derselben her ist die Gallerie mit ein starkes Corniche (Gesims) versehen, so mit Eisen Klammers an ein ander befestiget, und unten den Biblischen Figuren in dem Friese die Sprüche mit vergüldeten Buchstaben eingehauen.»

Vom ursprünglichen Altar weiß man nur, daß er mit sechs Alabasterreliefs ausgestattet war. Später erhielt er einen neuen Aufsatz, wahrscheinlich gegen Ende des 17. Jahrhunderts durch den Kieler Bildhauer Theodor Allers. So hatte der Altar 1706 «eine gantz große in Laubwerck geschnitzte und stark vergüldete Rahme, darin 6 Engeln ebenfals vergüldet . . . In dieser Rahme ist ein auf Leinen gemahletes Crutzifix mit einer knieenden Magdalena, 2 Engeln und 2 Cherubinen, von Öhlfarben.»

Bis ins Detail sind weiterhin die bleiverglasten Fenster beschrieben, ein Beichtstuhl, die Kanzel, «Frauenzimmergestühl», «Cavallier- und Mannsgestühl», Orgel und Orgelempore, alles reich beschnitzt und verziert, mit weißer Ölfarbe gestrichen, das Ornament mit Blattgold belegt.

«Der Fürstl. Kirchenstuhl ist von Dannenpannehlwerck zu 13 Fächer abgetheilet, wo zwischen an den Rahmstücken die Postamenten mit Festons, die Columnen mit Laubwerck nebst den Capitelen wie auch in den Ecken der Füllujngen geschnitzet und alles nebst den Leisten, Zier vergüldet. Mitten auf den Füllungen, ist ein mit Blat-Gold gemahlter Lorber- und Palmen-Krantz gemachet.»

Der Fürstenstuhl, an der Südwand gelegen, war ein abgeschlossener, beheizbarer Raum mit bleiverglasten Schiebefenstern und beschnitzten Füllungen. Sämtliche Beschläge, Schlösser und Bleisprossen waren vergoldet, das Innere mit brauner, silber gefaßter Ledertapete ausgeschlagen.

Die dreitürmige Orgel stand an der Nordseite auf eigener Empore. Offenbar war die 1706 als Ruine noch vorhandene, «mit geschnitzten Seülen und Figuren Perlfarb und ziervergüldet angestrichen», die ursprüngliche, da sie die Wappen von Adolf und Christine trug. Sie wird in großen Zügen der erhaltenen Gottorfer Orgel entspro-

chen haben. Dahinter an der Außenwand stand eine neue Orgel, die von Arp Schnitger dem Jüngeren gefertigt war.

Schließlich erfahren wir noch, daß der Fußboden blau und weiß ausgelegt war, «von gegossenem Gibs in Viereck»; Wände und Gewölbe waren weiß gekalkt, an den Gewölberippen schwebten vergoldete Cherubine aus Stuck. Ähnliche Stuckengel sind heute noch in der Reventlow-Gruft von 1608 an der Kirche zu Lütjenburg zu sehen. Hauptzugang zur Schloßkirche war die «große Wendelstiege» im nördlichen Treppenturm, über die man auch auf die Galerie gelangte.

Im großen Zusammenhang mit den evangelischen Schloßkapellen des 16. Jahrhunderts, wie etwa in Stettin, Torgau und vor allem in Schwerin zu sehen, ist die Kieler Schloßkapelle gleichwohl ohne direktes Vorbild. Wie das Schloß in seiner Gesamtheit weist auch die Kapelle auf eine ausgeprägte Architektenpersönlichkeit hin. Ganz ähnlich, wenn auch in sehr viel einfacheren Formen, ist die Kapelle des Sonderburger Schlosses. Sie wurde durch Herkules Oberberg, den damals bedeutendsten Baumeister im Lande von 1568 bis 1570 ausgebaut. Bauherrin war Adolfs Schwägerin Dorothea, die Witwe seines 1559 verstorbenen Bruders Christian III. von Dänemark. Oberberg baute später, in den achtziger Jahren, Schloß Tönning für den Gottorfer Herzog. Ob er auch in Kiel tätig war, ließ sich bisher nicht nachweisen.

Das Kieler Schloß vor 1685. Ausschnitt aus einer unsignierten, in Öl gemalten Stadtansicht (335 : 125 cm) im Kieler Rathaus.

Schloß Kiel im 17. Jahrhundert

 danach eine Zeitlang der Königinwitwe Sophia von Mecklenburg, der Gemahlin König Friedrichs II. von Dänemark, eines Neffen Herzog Adolfs. Sophia stattete das Schloß noch vor dem Beginn des Dreißigjährigen Krieges prächtig und farbenfroh aus. Unter dem Eindruck drohender militärischer Auseinandersetzungen ließ Herzog Friedrich III. (1616–1659) Stadt und Schloßgebiet mehr schlecht als recht mit Wallanlagen und Palisaden befestigen und das nordwestlich des Schlosses gelegene Dänische Tor mit einer Zugbrücke sichern. 1638 wurde ein neues Pforthaus an der Burgstraße gebaut. Die langen Kriegszeiten hinterließen auch in Kiel ihre Spuren; das Schloß verödete trotz zwischenzeitlicher Renovierungen und litt in zunehmendem Maße unter Einquartierungen und Plünderungen.

Besonders gefährdet war nach dem Ende des Krieges das Alte Haus, das schon 1633 repariert worden war und nun von Grund auf erneuert wurde. Unter anderem mußten alle Giebel zum großen Teil heruntergenommen und neu wiederaufgemauert werden.

Hier, in dem alten Schloß Friedrichs I., fand unter der Regierung Christian Albrechts (1659–1694) eines der bedeutendsten kulturellen Ereignisse des 17. Jahrhunderts im Gottorfer Herzogtum statt: Die Gründung der Landesuniversität Kiel, der Christiana Albertina, im Jahre 1665. Zurückgehend auf Christian Albrechts Vater Friedrich III., den Schöpfer der vielgepriesenen Gottorfer Kultur in der ersten Jahrhunderthälfte, und sanktioniert durch ein kaiserliches Privileg von 1652, konnte die Idee der

Oben:
*Herzog Christian Albrecht von
Holstein-Gottorf (1641–1694). Öl auf Leinwand
122 : 140 cm, 1663 von David Klöcker
Ehrenstrahl. Schloß Gripsholm, Galerie.*
Rechts:
*Die Festtafel im Saal des Alten Schlosses zur
Einweihung der Universität Kiel 1665.
Radierung 31,1 : 23,5 cm, von August John. Aus
der Festschrift des Torquatus à Frangipani von
1666. Am Kopf der Tafel sitzt nicht der Herzog,
sondern sein Kanzler Kielmannseck, der
zugleich Kaiserlicher Gesandter war und
damit im Range über dem Herzog stand.*

Universitätsgründung unter tatkräftiger Förderung durch den willensstarken Gottorfer Kanzler Kielmannseck und den Kieler Stadtsyndikus Johannes Hennings in die Tat umgesetzt werden. Vorgängerin der Universität war die 1566 im ehemaligen Kloster Bordesholm gegründete Gelehrtenschule, deren wertvoller Bestand an Drucken und Handschriften den Grundstock der Kieler Universitätsbibliothek bildete.

Die Einweihungsfeierlichkeiten dauerten vom 3. bis zum 6. Oktober 1665 und wurden mit großem Pomp inszeniert. Sie sind ausführlich in Wort und Bild in dem Werk «Christiano-Albertinae Inauguratio» des Torquatus á Frangipani von 1666 dargestellt. Eindrucksvoll zeigt darin eine ganze Folge von Kupferstichen den überaus prächtigen Festzug, als Höhepunkte den Einzug in den Schloßhof durch eine eigens geschaffene Ehrenpforte, den Gründungsakt in der Nicolaikirche und schließlich das große Festbankett im Saal des Alten Hauses.

Alle Bemühungen, das Alte Haus auf Dauer zu halten, waren schließlich zum Scheitern verurteilt: «Im Jahr 1685, den 31. März, nachmittags um 2 Uhr, ist das Vorderteil des alten Schlosses mit großem Geprassel herunter, und in einen Haufen gefallen, dessen Rudera (Trümmer) man größtenteils zur Auffüllung des Wassergrabens zwischen dem Schlosse und dem Garten gebraucht hat».

Als Christian Albrechts Witwe Friderica Amalia 1694 den verlassenen Herzog-Adolf-Bau beziehen sollte, war auch dieser so heruntergekommen und verfallen, daß ihr Sohn, Herzog Friedrich IV. (1694–1702) spontan einen Neubau an der Stelle des alten Hauses verfügte. Aus eigenen Mitteln ließ die Herzogin dann das neue Schloß in der kurzen Zeit von 1695 bis 1697 errichten und für ihre Bedürfnisse ausstatten. Architekt des winkelförmig an das Renaissanceschloß anschließenden und mit diesem eine geschlossene Dreiflügelanlage bildenden Gebäudes war der Bauunternehmer Domenico Pelli, ein eingebürgerter Italiener, bekannt durch viele, auch heute noch zum großen Teil stehende Bauten in der damaligen Festungsstadt Rendsburg.

Der äußerlich schmucklose, anfänglich dazu noch mit grauer Ölfarbe überzogene Backsteinbau, den lediglich ein mächtiges, an das gleichzeitige Gottorfer erinnern-

Links:
Herzog Friedrich IV. von Holstein-Gottorf (1671–1702). Öl auf Leinwand 258 : 250 cm, signiert: D. Klöcker Ehrenstrahl. Schloß Gripsholm, Kronprinzenzimmer.
Rechts:
Herzogin Friederika Amalia von Holstein-Gottorf, Prinzessin von Dänemark (1649–1704). Öl auf Leinwand 121 : 141 cm, signiert: D. Kl. Ehrenstrahl. Schloß Gripsholm, Galerie.

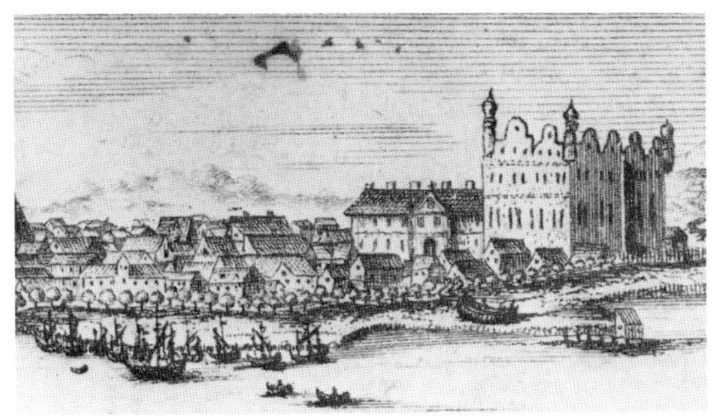

des Portal mit gekuppelten Kolossalsäulen auszeichnete, war nach den erhaltenen Baurechnungen und Inventaren im Inneren sehr aufwendig, ja geradezu üppig ausgestaltet. Wir lesen von ausgemalten, geschnitzten und bemalten Wandpaneelen, Goldledertapeten, Damast- und Seidenbespannungen an den Wänden und Laubwerkstuck an den Decken. Die größte Prachtentfaltung bot das fürstliche Schlafgemach. Sein Eichenfußboden war mit Rahmen und Füllungen intarsienartig ausgelegt. Über weiß und golden gefaßten Paneelen hatten die Wände Bespannungen aus Samt und Silberbrokat. Ebenfalls weiß und golden waren die Türen gefaßt. Die französische Bettstelle stand auf einem Altan mit gedrechselter und versilberter Balustrade. Ein Kamin aus gotländischem Stein mit Stuckmarmor und golden abgesetztem Ornament erwärmte den Raum. Nichts von alledem ist erhalten geblieben, auch nicht in dem heute allein noch stehenden Westflügel.

An der Hofseite des neuen Mitteltraktes verlief eine hölzerne Galerie, die den alten Bleigang ersetzte. Als Attraktion hatte sie in dem Winkel zum Altbau einen bequem eingerichteten Fahrstuhl ins Obergeschoß, der über Rollen, Taue und Bleigewichte auf und ab bewegt werden konnte.

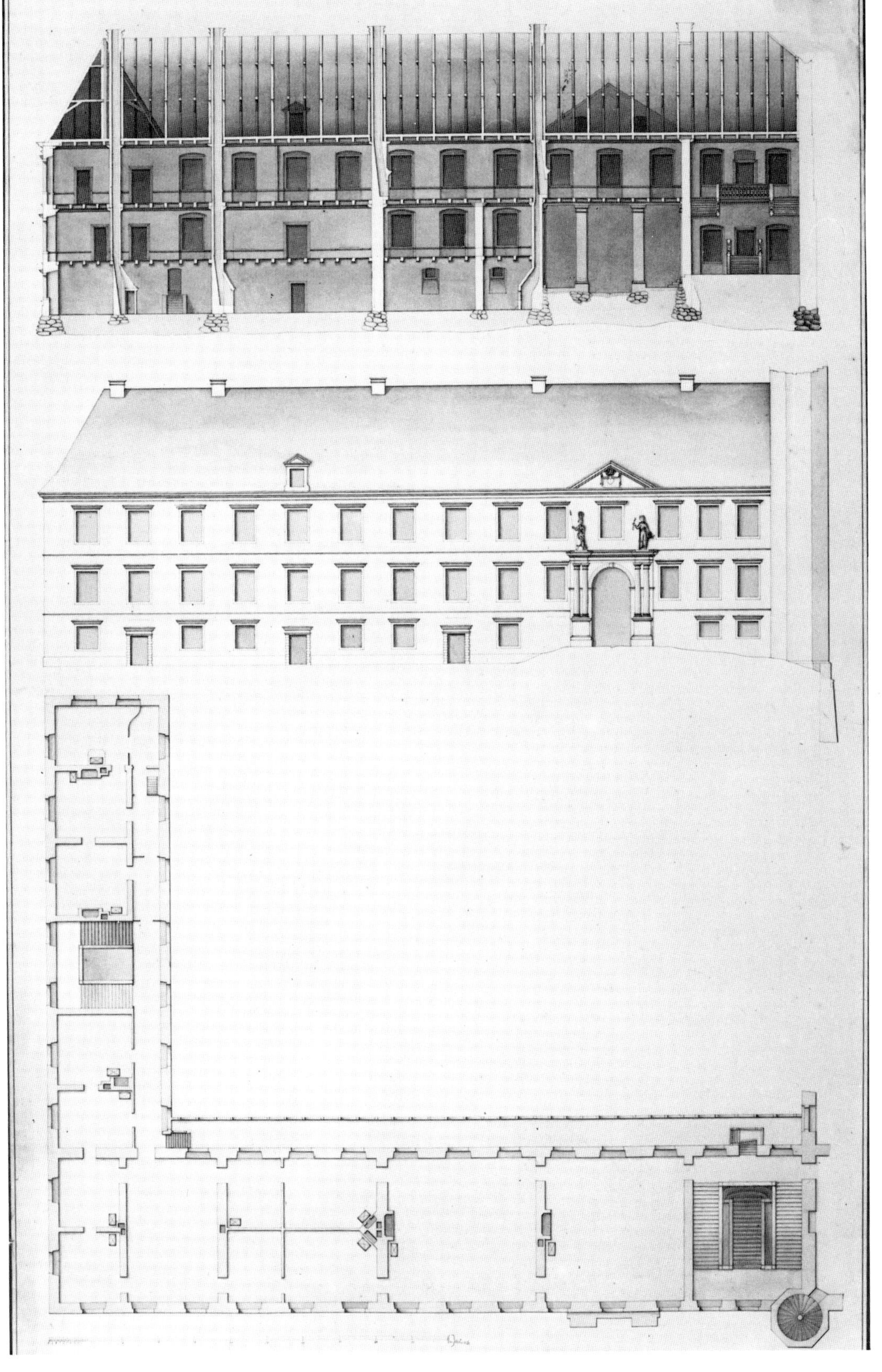

Residenz der letzten Gottorfer

Nach dem Tode Herzog Friedrichs IV. (1702) auf dem Schlachtfeld von Klissow und seiner Mutter (1704) verwaiste das Kieler Schloß wieder für über zwei Jahrzehnte. Erst die Heirat des jungen Herzogs Carl Friedrich, der beim Tode seines Vaters erst zwei Jahre alt gewesen war, mit Anna Petrowna, der Lieblingstochter Zar Peters des Großen, in Petersburg 1725 gab Anlaß zu einer erneuten Herrichtung der Gebäude, die unter der Leitung des Bauinspektors Rudolf Mathias Dallin durchgeführt wurde. Auffälligste äußere Veränderung war ein Anstrich in Gelb mit weiß abgesetzten Kanten. Das Innere wurde wiederum reich ausgestattet, um die Einrichtung kümmerte sich noch von Petersburg aus der Herzog persönlich.

So wurde Kiel, nachdem der dänische König den Gottorfer Anteil von Schleswig 1721 vereinnahmt hatte, für kurze Zeit Residenz des auf den holsteinischen Anteil beschränkten Rumpfstaates.

Am 26. August 1727 hielt das Herzogspaar unter dem hoffnungsfrohen Jubel der Kieler Bevölkerung seinen glanzvollen Einzug in Stadt und Schloß. Zu Ehren seiner russischen Gemahlin hatte Carl Friedrich im Erdgeschoß des Herzog-Adolf-Baues eine russisch-orthodoxe Kapelle mit aller nötigen Ausstattung einrichten lassen. Das Glück dauerte nur kurz: Schon drei Monate nach der Geburt ihres Sohnes Carl Peter Ulrich am 21. Februar 1728 verstarb Anna Petrowna; Carl Friedrich folgte ihr 1739 nach. Daß sein etwas zurückgebliebener Sohn als letzter regierender Gottorfer an der Seite der späteren großen Katharina II. – wenn auch nur für kurze Zeit – Zar von Rußland werden sollte, gehört zu den Ironien der Geschichte.

Herzog Karl Friedrich von Holstein-Gottorf (1700–1739). Öl auf Leinwand 45 : 62 cm, von J. Starbus. Schloß Gripsholm, Zimmer der Hofmeisterin.

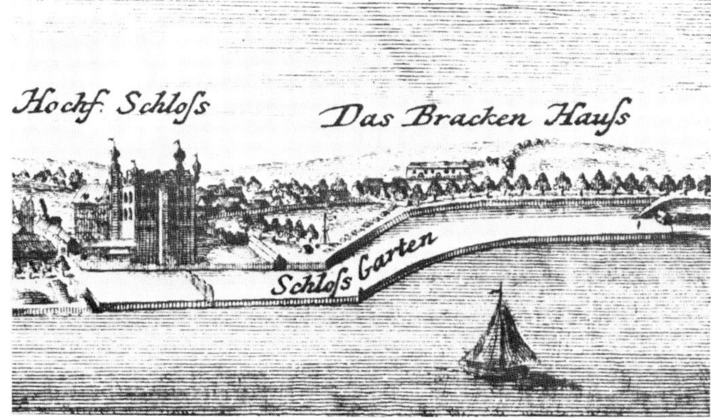

Hochf. Schloß
Das Bracken Hauß
Schloß Garten

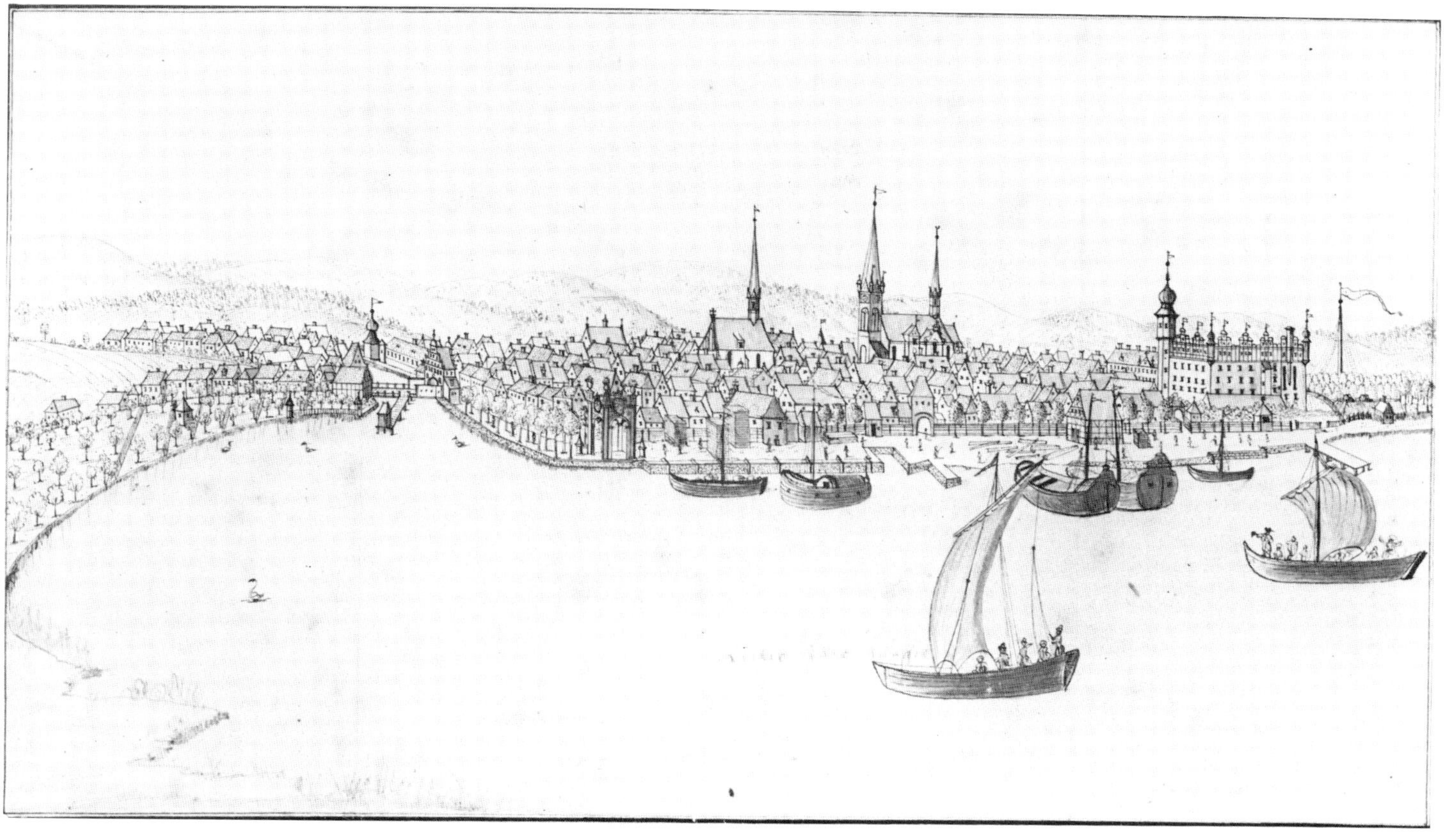

Verfall und Erneuerung des Renaissancebaues

Schon 1704 waren Dächer und Giebel am «Alten Gebäu», wie es nach der Errichtung des Pelli-Baus hieß, «ganz baufällig». 1733 fertigte Dallin ein Gutachten an, nachdem ein Unwetter das Schloß offenbar übel zugerichtet hatte. Insbesondere die Schieferdächer des Herzog-Adolf-Baus, auch viele seiner Fenster und Luken wurden in Mitleidenschaft gezogen. Schwerer wog aber, daß die Außenmauer an einer Stelle abgesackt war, was zur Folge hatte, daß etliche Gewölbe «dergestalt gebrochen, daß solche aus ihrem sehr flachen und gar zu lenticularen (linsenförmigen) Circul-Bogen versunken sind». Ursache der Mauer- und Gewölbeschäden war eine jahrzehntelang vernachlässigte Bauunterhaltung an den Dächern. Ausreichende Mittel für umfassende Instandsetzungsarbeiten gab es zu keiner Zeit. 1754 war der Zustand so bedrohlich geworden, daß schon der Abbruch erwogen wurde. Dachstuhl und Schieferhaut waren völlig verrottet, und das Regenwasser floß in Strömen, wie es hieß, ins oberste Geschoß und in die darunterliegenden Gewölbe. Alle Ziergiebel waren aus dem Lot, ihr Mauerwerk «von der Beschaffenheit, daß alle Mauer-Steine ausgebrökelt, und die Fugen gäntzlich auseinander gegangen, wie dann die daran befindliche ornamenta ein Stück nach dem andern herunterfallen».

Rosenberg machte 1760 einen Vorschlag, die Giebel in der abgebildeten vereinfachten Form zu erhalten. Er drang damit jedoch nicht durch; statt seiner sollte es schließlich der damals schon berühmte Ernst Georg Sonnin sein, der 1763 auf Weisung Katharinas der Großen mit einer durchgreifenden Sanierung des alten Schlosses beauftragt wurde.

Sonnin mußte nach allem radikal vorgehen. Er ließ die gesamte Dachlandschaft einschließlich der Erkertürmchen und des Aborterkers an der Wasserfront herunternehmen und statt dessen ein riesiges, mit roten Pfannen gedecktes Mansarddach aufbringen. Die besonders geschädigten Gewölbe des ersten Obergeschosses, auch die der Schloßkapelle, wurden herausgeschlagen; an ihrer Stelle zog man stuckierte Balkendecken ein, die über Maueranker die gewichenen Außenmauern verklammerten. Die verbliebenen Gewölbe im Keller und im Erdgeschoß wurden gründlich ausgebessert, die Außenwände neu verputzt, alle Fensterrahmen, wie es im Kontrakt hieß, neu und einheitlich angefertigt. Vermutlich waren hiermit die Maueröffnungen gemeint, die offenbar zu jener Zeit erheblich verkleinert wurden.

Völlig neu mußte die Galerie an der Hofseite des neuen Schlosses hergestellt werden; hierzu fanden die Säulen der im Altbau abgebrochenen Gewölbe Verwendung. Schließlich wurden auch noch die Gewölbe der Russischen Kapelle durch eine stukkierte Decke ersetzt und die südliche der beiden inneren Wendeltreppen im Herzog-Adolf-Bau abgebrochen.

Sonnins Umbau veränderte den Renaissancebau bis zur Unkenntlichkeit. Lediglich die beiden Treppentürme, von denen der südliche 1770 seine Zwiebelhaube verlor, zeugten von der vergangenen Pracht. Die im Erdgeschoß verbliebenen Gewölbesäle waren bis auf weiteres durch Zwischenwände verbaut.

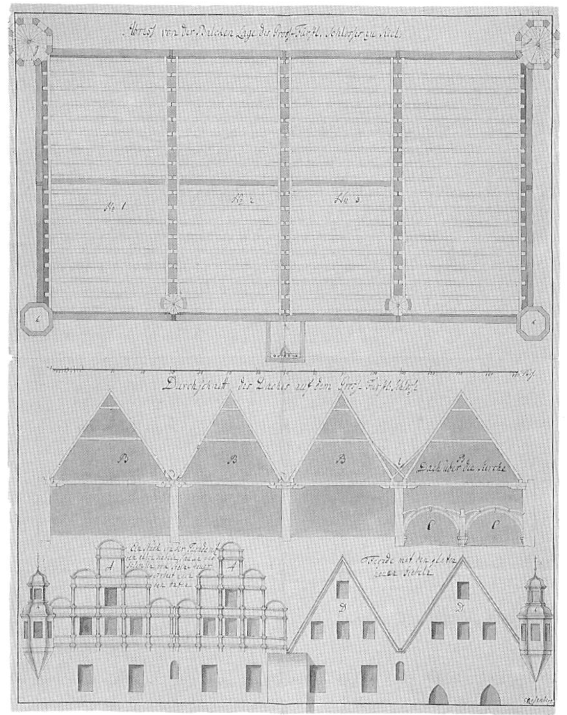

Links:
Herzog-Adolf-Bau, Grundriß der Balkenlage im Dachgeschoß, Längsschnitt und Aufriß der Ostfront mit vereinfachter Giebellösung. Gezeichnet von J. G. Rosenberg, 8. Sept. 1760. Landesarchiv Schleswig.
Rechts:
Herzog-Adolf-Bau, Längsschnitt und Aufriß der Westfront um 1770. Gezeichnet von J. A. Richter. Kreisbibliothek Eutin.

Unten:
Aufriß und Grundriß einer neuen Galerie am Südflügel des
Pelli-Baues. Gezeichnet von E. G. Sonnin 1764. Landesarchiv
Schleswig.
Rechts:
Herzog-Adolf-Bau, Grundrisse von Erd- und erstem
Obergeschoß um 1770. Gezeichnet von J. A. Richter.
Kreisbibliothek Eutin. Das Obergeschoß zeigt den
Grundriß der Schloßkapelle mit Gestühl, Empore und
Orgelempore (gestrichelt), Kanzel, Altar und
Fürstenloge.

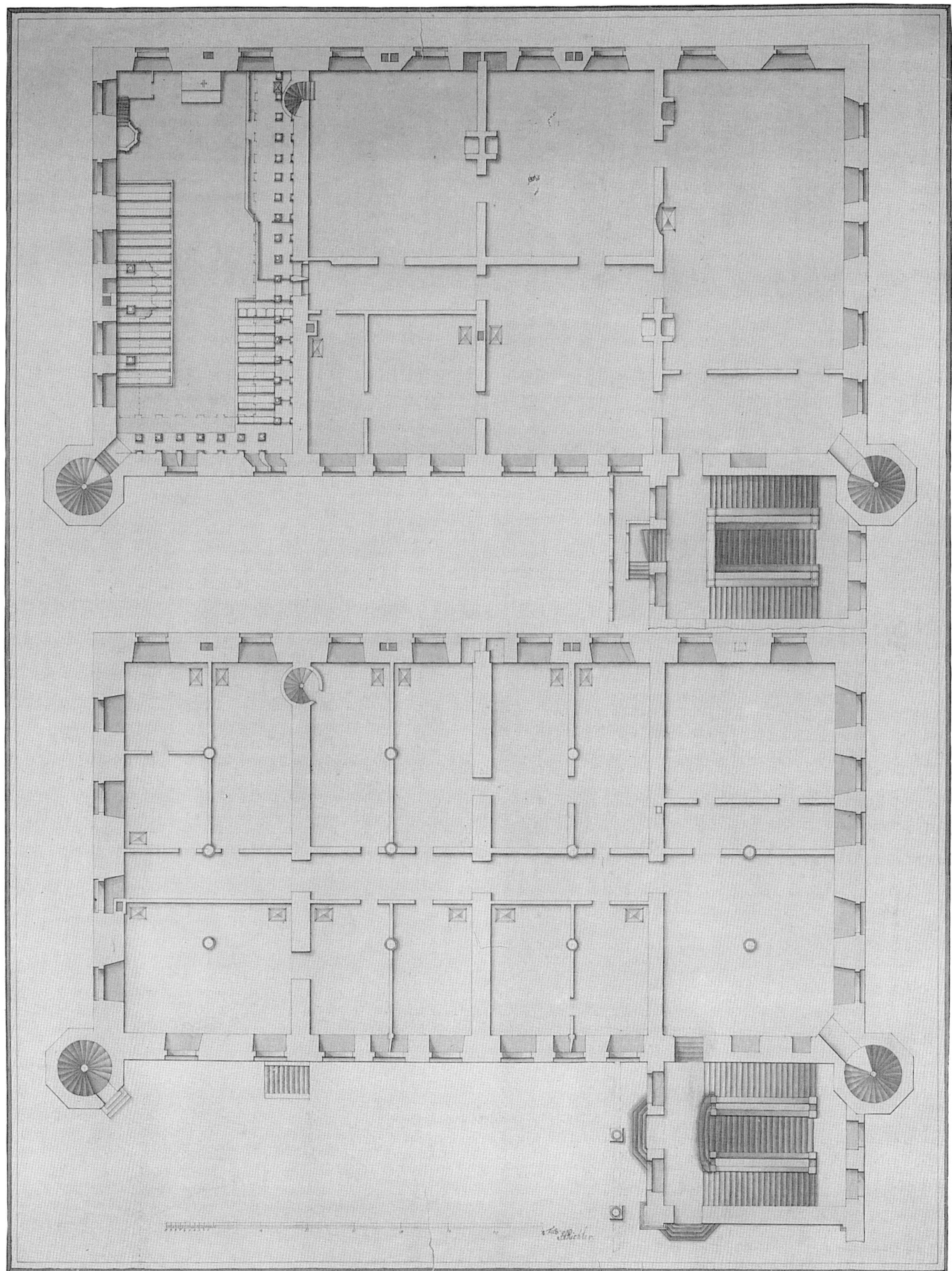

Späteres Schicksal

1773 FAND IM KIELER SCHLOSS DIE ZEIT DER GOTTORFER HERRSCHAFT IHR FORMELLES
Ende. Nach dem Verzicht des russischen Zaren als Herzog von Gottorf auf seine
Ansprüche in Schleswig-Holstein wurde hier am 16. November des Jahres der Über-
gabeakt an die dänische Krone vollzogen.

Damit wurde eine Entwicklung abgeschlossen, die seit 1761 maßgeblich von dem
holsteinischen Adligen Caspar von Saldern, dem Bauherren von Schierensee, beein-
flußt worden war. Saldern hatte sich 1761 heimlich nach Petersburg eingeschifft, wo
es ihm dank kräftiger finanzieller Unterstützung durch den dänischen Außenmini-
ster Graf Bernstorff sehr schnell gelang, das Vertrauen Katharinas der Großen
zu gewinnen und die Sache des Ausgleichs zwischen Rußland und Dänemark zu
betreiben.

In der Folgezeit diente das Schloß unterschiedlichen Nutzern, etwa der Universität,
die im Erdgeschoß und später in der Schloßkapelle ihre Bibliothek unterbrachte.

Von 1805 bis 1807 wohnte Kronprinz Friedrich von Dänemark im Schloß. Die ehemaligen herzoglichen Wohnräume wurden aus diesem Anlaß durch Baudirektor
Christian Friedrich Hansen und seinen holsteinischen Bauinspektor Heylmann
instandgesetzt.

Friedrichs Tochter Wilhelmine sollte 1838 nach ihrer Heirat mit Herzog Karl von
Schleswig-Holstein-Sonderburg-Glücksburg in Kiel ihren Wohnsitz nehmen. Während der Umbauarbeiten brach ein verheerender Brand im alten Schloß aus; Dachstuhl und beide Obergeschosse brannten völlig aus. Als besonders schmerzlicher
Verlust ging die gesamte Ausstattung der Schloßkapelle zugrunde.

Linke Seite:
Herzog Karl Peter Ulrich von Holstein-Gottorf (1728–1762), der
spätere Zar Peter III., mit seiner Gemahlin Sophie Auguste von
Anhalt-Zerbst (1729–1796), der späteren Zarin Katharina II. (der
Großen). Ölgemälde auf Schloß Gripsholm.

Unten:
Der Schloßbrand im März des Jahres 1838. Farblithographie
35,7 : 25,2 cm, von J. Bünsow jun. und J. Bünsow sen. 1838.
Landesbibliothek Kiel.

Rechts oben:
Stadt und Schloß um 1790. Tuschzeichnung, unsigniert und
undatiert. Altonaer Museum.
Rechts unten:
Stadt und Schloß, Ansicht von Norden um 1795. Tuschzeichnung
17,6 : 10,2 cm, von C. F. J. Bünsow. Landesbibliothek Kiel.

1te Ansicht des Kieler Schlossbrandes in der Nacht vom 15 auf den 16 März 1838.

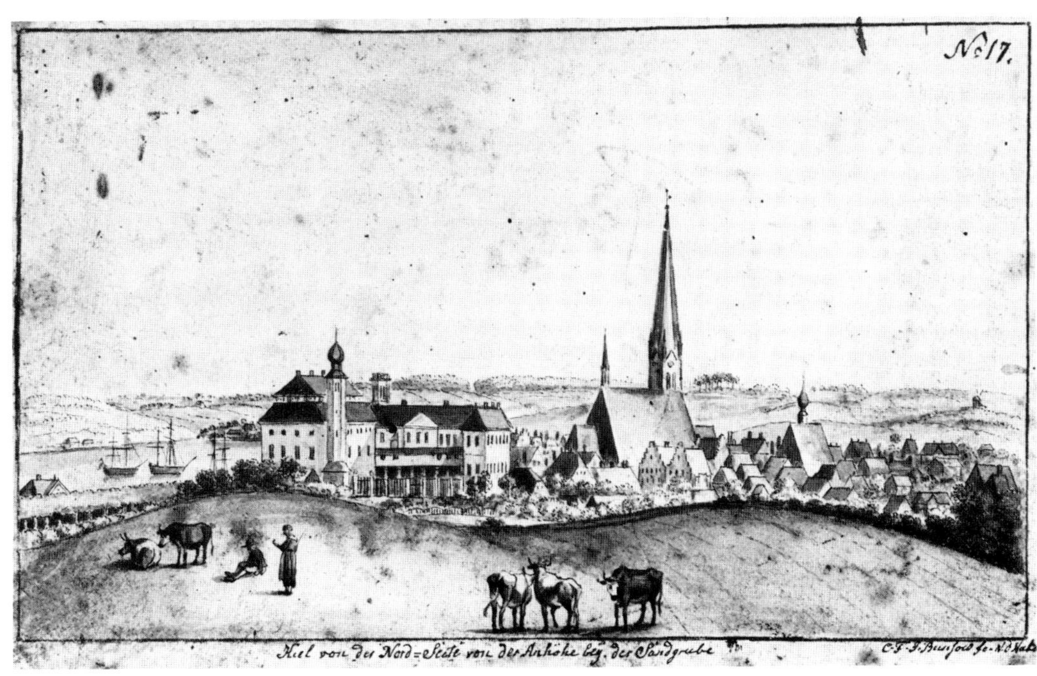
No 17.
Kiel von der Nord=Seite von der Anhöhe bey der Sandgrube

In der Zeit der ersten kriegerischen Auseinandersetzung mit Dänemark von 1848 bis 1851 tagte im Schloß die Schleswig-Holsteinische Landesversammlung. Während des deutsch-dänischen Krieges 1864 diente es als Lazarett und Hauptquartier der preußisch-österreichischen Bundestruppen.

Im Pelli-Bau zog nach 1864 der erste preußische Oberpräsident ein. Eine letzte Glanzzeit erlebte das Schloß als Dienst- und Wohnsitz des Prinzen Heinrich von Preußen, des Bruders Kaiser Wilhelms II., der als Großadmiral im Weltkrieg General-inspekteur der Marine war und sich großer Popularität erfreute.

Pelli-Bau und Herzog-Adolf-Bau wurden 1887/88 durch Hofbaurat Albert Geyer von Grund auf instand gesetzt und umgebaut. Die wenigen erhaltenen Photographien vom Innern des alten Schlosses zeigen die typische kalte Pracht wilhelminischer Staatsbauten. Allerdings waren die gewölbten Säle wiederhergestellt. Im Umfeld des Schlosses fielen alle verbliebenen historischen Nebengebäude Neubauten zum Opfer, so der Stall Herzog Adolfs an der Burgstraße, aus der Zeit des Landbaumei-sters Johann Adam Richter, des Nachfolgers von Sonnin, das Küchengebäude und die Wache. Südlich des Herzog-Adolf-Baus wurden Remisen und ein neues Marstall-gebäude errichtet.

Die so glorreich begonnene Kaiserzeit endete für das Kieler Schloß in den beginnen-den Revolutionswirren am 5. November 1918. An diesem Tage zog sich Prinz Hein-rich nach Auseinandersetzungen mit einer Patrouille des Soldatenrates auf sein Gut Hemmelmark bei Eckernförde zurück. Überliefert ist, daß er sein Automobil mit einer roten Fahne «tarnte» und nur mit Mühe einer Schießerei an der Levensauer Kanalhochbrücke entkam.

Zwischen den Kriegen diente das Schloß weiterhin der preußischen Verwaltung sowie zur Unterbringung der Landesbibliothek. Pläne von 1936, das alte Gebäude als «Nordisches Museum» auszubauen, kamen nicht zur Ausführung. 1938, hundert Jahre nach der ersten Katastrophe, wurde der Herzog-Adolf-Bau erneut von einem

Erinnerungstafel an die Wiederherstellung des Schlosses durch Katharina die Große 1765. Sandstein mit vergoldeten Ornamenten und Buchstaben 171 : 113 cm, angefertigt von J. G. Moser. Ursprünglich im Haupttreppenhaus des Pelli-Baues, heute über dem Eingang zur Landeshalle.

Schloß, Ansicht von Osten um 1837. Wasserdeckfarbenblatt
36,3 : 23,8 cm, wohl von Joh. Ludw. Chr. Hansen.
Landesbibliothek Kiel.

Schloß und Schloßgarten um 1825.
Kreidelithographie 18,2 : 12,4 cm, signiert
«Hansen». Landesbibliothek Kiel.

Schloß mit Schloßgarten von Norden. Ölgemälde.
signiert: F. Schröder 1841. Schloß Glücksburg.

Die Wasserallee mit Blick auf das Schloß, im
Vordergrund die Hafenwache, anschließend das
Exerzierhaus und der Dragonerstall.
Aquarell 20,8 : 14,2 cm, von A. Burmester 1852.
Landesbibliothek Kiel.

Schloß von Norden mit der Wasserallee, dem
heutigen Düsternbrooker Weg. Bleistiftzeichnung,
wohl von W. Heuer um 1847.
Landesmuseum Schleswig.

Schloß und alte Universität um 1855.
Aquarellierte Federzeichnung 14,9 : 10,1 cm,
signiert: EB. 96. Landesbibliothek Kiel.

Das Schloß nach dem Umbau von 1887/88. Blick
von Westen, im Hintergrund das neue
Marstallgebäude.

Blick auf das Schloß von Nordwesten über den
Kleinen Kiel vor 1868. Unterhalb des Nordturmes
der letzte Rest des Dänischen Tores, der 1868
abgebrochen wurde. Vermutlich älteste erhaltene
Photographie des Schlosses. Landesamt für
Denkmalpflege Kiel.

Blick auf das Schloß von der Wasserseite 1891.
Lichtdruck 20,2 : 16,2 cm nach einer Photographie
von W. Dreesen. Landesbibliothek Kiel.

Links:
Der Kiliabrunnen im Schloßhof von Eduard
Lührssen. Hochzeitsgeschenk der Stadt Kiel für
den Prinzen Heinrich im Jahre 1888. Die Figur der
Kilia steht heute am nördlichen Eingang der
Dänischen Straße.

Unten:
Wappen- oder Audienzsaal unter Prinz Heinrich
von Preußen, um 1900 (vgl. Abbildung S. 31).

Brand betroffen. Eben wiederhergestellt, ging das Schloß am 4. Januar 1944 bei einem der zahlreichen Luftangriffe auf Kiel zugrunde.

Die ausgebrannte Ruine stand bis 1960. Die zunächst verfolgte Absicht, Teile des Gebäudes wiederherzustellen und in einen Neubau einzubeziehen, wurde letztendlich verworfen. Nur der Westflügel des Pelli-Baus wurde erhalten, alles übrige bis auf den Grund abgebrochen. Die granitenen Sockelquader vom Renaissancebau fanden in dem Neubau der Architekten Sprotte und Neve Verwendung. Geringe Teile der Bauplastik kamen in die Sammlung der Landeshalle, über deren Eingang heute die Sandsteintafel von 1765 an den Umbau unter Katharina der Großen erinnert.

Die Westfassade des Herzog-Adolf-Baues 1959.

Hauptportal des Schlosses im Südflügel des Pelli-Baues 1953.

Grabungsfunde

Terrakottarelief 57 : 53 cm, von Statius von Düren:
Papst mit Schwert und Buch.

Sandsteinkartusche aus der Mitte des 18. Jahrhunderts mit
Orden und Schriftband: PIETATEM ET FIDEM AMANTIBVS
IVSTITIAM.

*Ruine des Herzog-Adolf-Baues 1959. Gewölbeansätze im
ersten Saal von Norden (Erdgeschoß).*

Die Galerie von 1887 an der Hofseite des Südflügels 1959.

*Sandsteinplatte 48 : 34 cm mit vollplastischem
Kopf des Plato.*

*Terrakottarelief 57 : 53 cm von Statius von Düren:
Ritter gegen ein mehrköpfiges
Ungeheuer kämpfend.*

Der Schloßgarten

«Der Garten liegt gerade hinter dem Schlosse, längs dem Meere. Er hat
mehr als 200 Schritte in der Breite und besteht aus einer Terrasse in gleichem Niveau
mit dem Schloßgrunde; von da steigt man nach gut unterhaltenen und mit Blumen
bepflanzten Parterren, wo ein Bassin mit Springbrunnen sich findet. Dann folgt ein
Labyrinth, dessen Hecken freilich noch nicht groß sind, das aber schön werden wird.
Es folgen wieder Parterren und dann eine zweite Terrasse von zwei Etagen. Der Garten ist erst vor einigen Jahren angelegt, wird aber mit der Zeit ein sehr hübscher Ort
werden, da man so leicht Wasser für die Springbrunnen von der am Nordende des
Gartens liegenden Anhöhe haben kann.»
Soweit die Reisebeschreibung eines englischen Diplomaten aus dem Jahre 1702. Der
unmittelbar nördlich des Burggrabens auf dem Gelände eines mittelalterlichen Pest-
friedhofes angelegte Garten geht vermutlich auf die Zeit Herzog Adolfs zurück. 1595
wird ein Gartenhaus erwähnt, das 1634 durch ein neues ersetzt wurde. 1632 spricht
Herzog Friedrich III. von «Unserm großen Lustgarten». Er ließ zwischen Garten und
Burggraben eine Reitbahn anlegen.

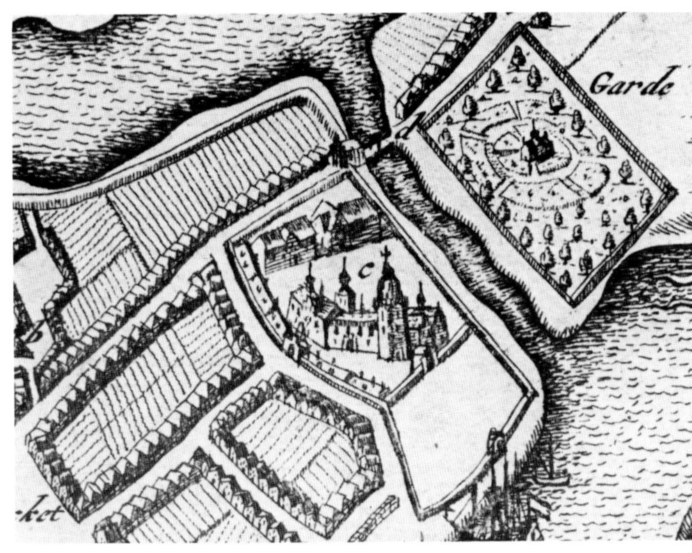

*Schloß und Garten 1652. Ausschnitt
aus einer Karte in C. Danckwerths
«Newe Landesbeschreibung».*

Einer der ersten namentlich bekannten Gärtner in Kiel war Mathias Clodius
(† 1642), ein Vetter des berühmten Johannes Clodius, der ab 1640 für Friedrich den
Gottorfer Neuwerkgarten anlegte. Clodius' Nachfolger Michael Gabriel Tatter und
Heinrich Vack waren beide ebenfalls in Gottorf tätig.
Die früheste Wiedergabe des Kieler Gartens findet sich in Danckwerths Atlas von
1652. Sie zeigt ein rechteckiges umzäuntes Areal mit streng geometrisch angelegten
Wegen.
1695 ließ Herzogin Friderica Amalia in Verbindung mit ihrem Schloßneubau durch
Hans Hinrich Rodich, einen Schwiegersohn des früheren Gärtners Vack, den Garten
erweitern und in barocken Formen anlegen, nachdem man 1685 den Burggraben mit
dem Abbruchschutt des Alten Hauses aufgefüllt und in den folgenden Jahren einige
Bürgergärten an der Förde sowie Grundstücke in der Brunswik aufgekauft hatte.
Erhebliche Auswirkung auf die Gestaltung des Barockgartens hatte die Topographie
des Fördeufers. Sie bewirkte die eigenartige, aber spannungsreiche Asymmetrie der
Gesamtanlage. Rodich überspielte sie sehr geschickt, indem er ein in sich abge-
schlossenes Parterre vor den Schloßhof legte, aus dem sich die vom Schloß ausge-
hende Mittelachse als Allee weiter am Fördeufer entlangzog. Eine weitere Allee ent-
wickelte sich von der Nordwestseite des Schloßparterres an der Dänischen Straße
entlang, und zwar dergestalt, daß beide Alleen als Radialachsen, von dem gedachten
Mittelpunkt Schloß ausgehend, den anschließenden größeren Teil des Gartens als
Kreissegment rahmten. Ein weiterer Wegestrahl teilte diesen mittig und lief auf ein
erhöhtes, in Form eines Amphitheaters gebildetes Plateau zu, das als Abschluß in
die nördliche Anhöhe eingebettet war.
Eine weitere, detaillierte Beschreibung des Gartens von 1706 zeigt, daß nicht nur
Brunnen und Fontänen, sondern auch die stattliche Anzahl von vierzig Statuen aus
gotländischem Kalkstein zur künstlerischen Ausstattung gehörten.
1727 wurde der Garten vor der Ankunft Carl Friedrichs und seiner Gemahlin Anna
Petrowna aus Petersburg modernisiert. Insbesondere das Parterre am Schloß war

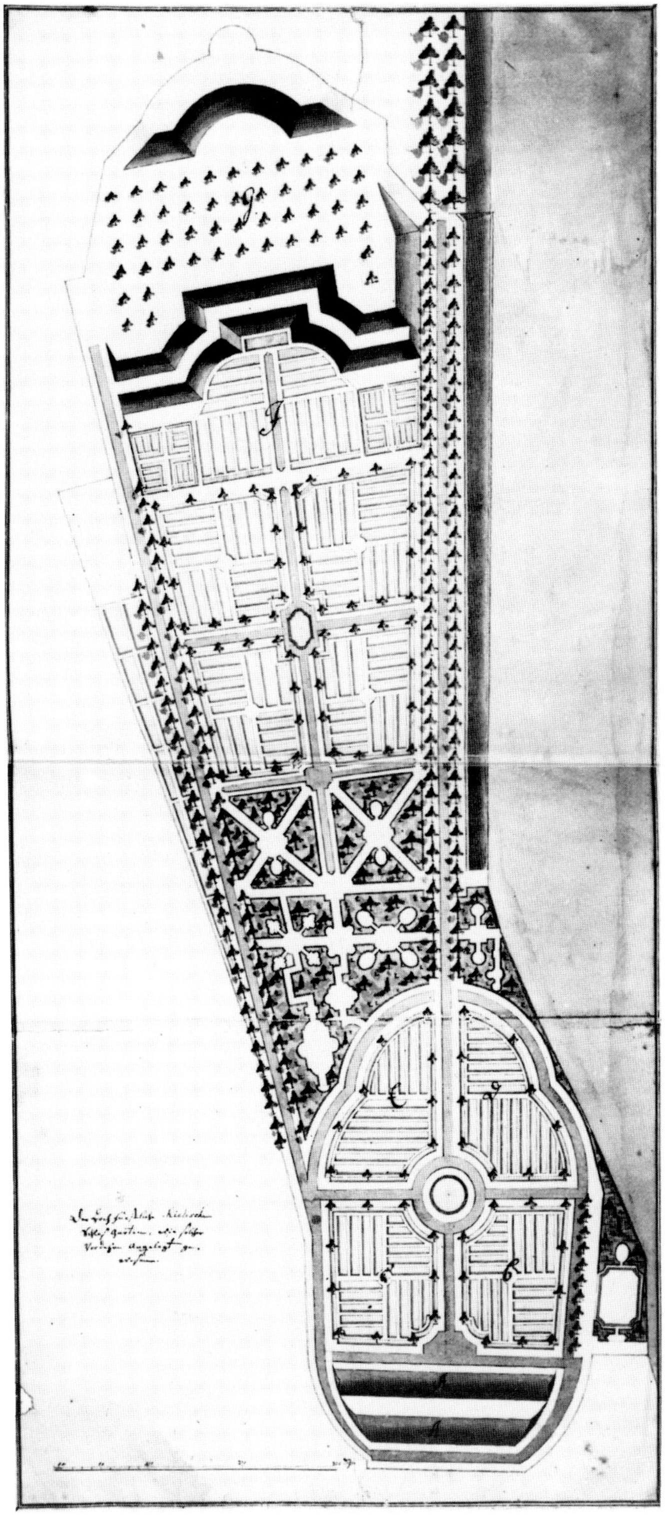

«*Der Hochfürstliche Kielische Schloß Garten, wie solcher vordehm angelegt gewesen*». *Nach 1695. Nationalmuseum Stockholm.*

Plan des Schloßgartens um 1727. Wohl von Rudolph Matthias Dallin. Nationalmuseum Stockholm.

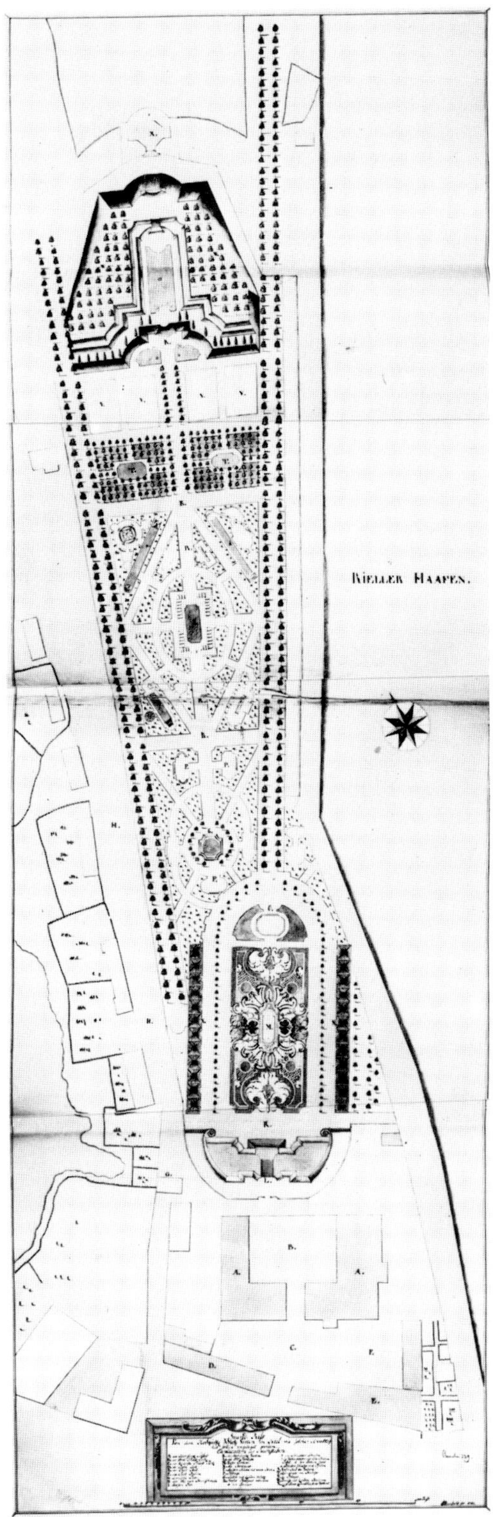

«Grund Riss Von dem Hochfürstl Schloß-Garten in Kiel wie solcher Anno 1739 hat sollen angeleget werden.» Von Jacob Erhard Randahl. Nationalmuseum Stockholm.

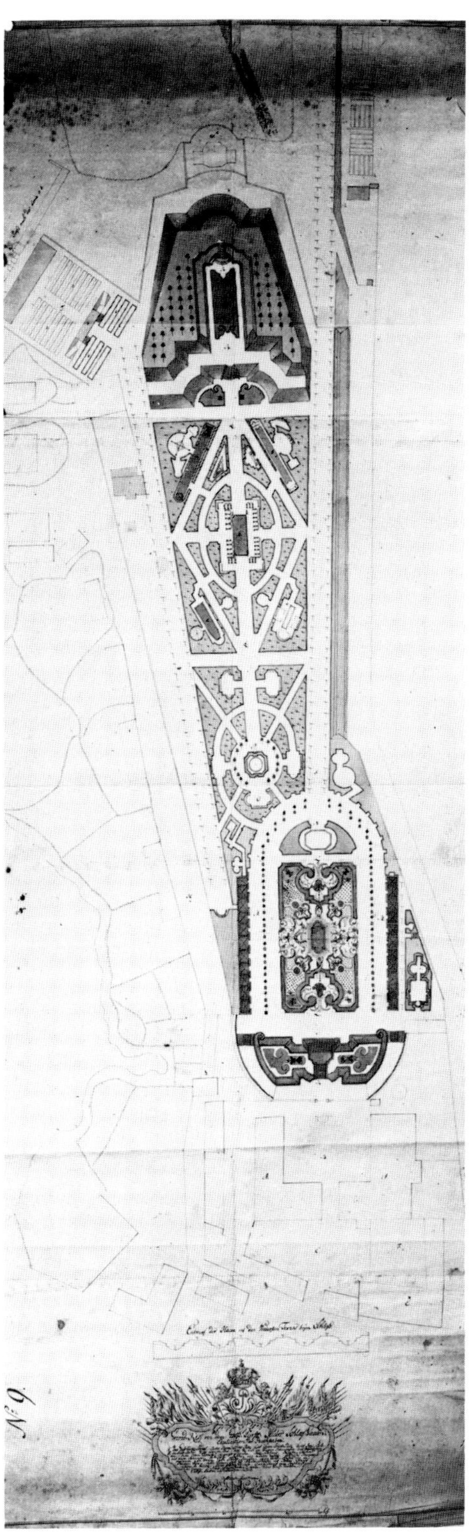

Plan des Schloßgartens nach 1748. Von J. E. Randahl. Landesarchiv Schleswig.

hiervon betroffen. Offenbar unter dem Einfluß des bedeutenden französischen Gartentheoretikers Dezailler D'Argenville schuf Gärtner Otto Friedrich Cruse ein reizvolles «parterre en broderie», in dessen Beeten die Initialen des Herzogspaares übergroß eingelegt waren. Schon nach wenigen Monaten fiel diese Anlage den militärischen Ambitionen des Herzogs zum Opfer; er ließ große Teile des Gartens umgraben und zu Exerzierplätzen machen.

Eine letzte Erneuerung des Gartens erfolgte in den Jahren nach Carl Friedrichs frühem Tod 1739 durch den Eutiner Baudirektor Johann Christian Lewon, wiederum mit einem Broderie-Parterre, dessen überaus kunstvolle Planung uns in einer eigenhändigen Detailzeichnung überliefert ist. Erst 1839 wurde der in seinen Grundstrukturen bis dahin erhaltene Barockgarten in einen Landschaftsgarten englischer Prägung umgewandelt. Seine Reste liegen heute als Parkanlage eingeschnürt zwischen den breiten Fahrbahnen der Straßen Schloßgarten und Düsternbrooker Weg.

Kartusche aus dem Plan des Schloßgartens von 1748
von J. E. Randahl. Landesarchiv Schleswig.

Herzog Adolfs weitere Bautätigkeit –
Die Residenz-Schlösser des Herzogtums Holstein-Gottorf

Ein Blick auf die politische Landkarte Schleswig-Holsteins in der zweiten Hälfte des 16. Jahrhunderts und die von Herzog Adolf im Verlaufe von knapp 30 Jahren in den verstreuten gottorfischen Landesteilen errichteten Schlösser lehrt, daß es ihm offenbar ein wesentliches Anliegen war, seine fürstliche Präsenz überall durch Bauwerke, d. h. durch Residenzen zu manifestieren.

So ist auch Kiel, neben seiner Funktion als Witwensitz, vermutlich überwiegend als Residenz und Verwaltungssitz neben Gottorf gedacht gewesen. Die Größe der Schloßkapelle läßt darauf schließen, mehr noch die vielen gewölbten Säle und Gemächer. Vergleicht man die späteren Bauten Adolfs, die alle in ihren Raumfolgen kleinteiliger, oft intimer und jedenfalls funktioneller gestaltet waren, so kann man sich in Kiel des Eindrucks einer etwas planlosen Großartigkeit nicht erwehren. Auch das alte Schloß seines Vaters, das von Adolf renoviert und äußerlich dem Neubau angepaßt wurde, hatte ja schon einen repräsentativen Saal, die sogenannte «Lange Kammer», die auch weiterhin zu bedeutenden Anlässen genutzt wurde.

Gottorf – Ausbau der mittelalterlichen Burg zum
monumentalen Renaissanceschloß

Adolfs Hochzeit mit Christine von Hessen wurde zum Jahresende 1564 auf Gottorf gefeiert, das seit 1544 Adolfs Hauptresidenz war. In der Silvesternacht brannte der Ostflügel des Schlosses bis «up de understen Mhüren» ab. Hier hatte das herzogliche Paar seine Wohnräume, «dho Wir sambt Unser freuntlichen herzgelipten gemhal Unser gemache, auch barschafft . . . in Vorwharunge gehabt», wie Adolf am 28. Januar 1565 an den Herzog von Preußen schrieb.

Von 1565 bis 68 wurde der ruinöse Flügel wiederaufgebaut. Unlängst vorgenommene Bauuntersuchungen ergaben zusammen mit den bisher ausgewerteten Schrift- und Bildquellen zumindest in großen Zügen ein Bild des Neubaus, der allerdings umfangreiche Teile der mittelalterlichen Außenmauern mit einbezog. Bemerkenswert daran war vor allem ein gemauertes Gerüst aus korbbogigen Arkaturen, das man an der Hofseite vor die alte Wand stellte und das in bewußtem Gegensatz zu Friedrichs Frührenaissance-Fassade am Westflügel konzipiert war. Reste davon sind in der heute glatt verputzten Hoffassade bis ins dritte Geschoß erhalten. Die Arkaden erinnern an Laubenganghöfe süddeutscher Burgen, die, wie auf der Burg Trausnitz bei Landshut 1578, oft in gleicher Weise durch Anbauten an mittelalterliche Häuser entstanden sind. Im Inneren waren die drei unteren Geschosse noch 1713 gewölbt.

Noch unter Adolf begonnen wurde der Neubau des Nordflügels, der 1590 durch Baumeister Herkules Oberberg vollendet wurde.

Hat Adolf in Gottorf ohne Zweifel eindrucksvolle Spuren seiner Bautätigkeit hinterlassen, die, entweder ausgeführt oder schon von ihm geplant, das Schloß als bedeutendstes Werk der Renaissance im Lande bis zum großen Umbau (1698–1703) prägten, so war ihm in ebenso starkem Maße an der Sicherung der Schloßinsel gelegen, die in ihrer offenen Lage bisher nur unzureichend zu verteidigen gewesen war. Er baute die Insel gezielt zur Festung aus, indem er die Erde des nordöstlich gelegenen Hesterbergs abtragen ließ, um das Schloß mit hohen Wällen und Bastionen zu umgeben, und trennte 1582 den Burgsee als Festungsgraben durch Aufschüttung des Gottorfer Dammes von der Schlei ab. Gleichzeitig wurde der Hauptzugang von Osten nach Süden verlegt und mit Zugbrücke und Torhaus gesichert.

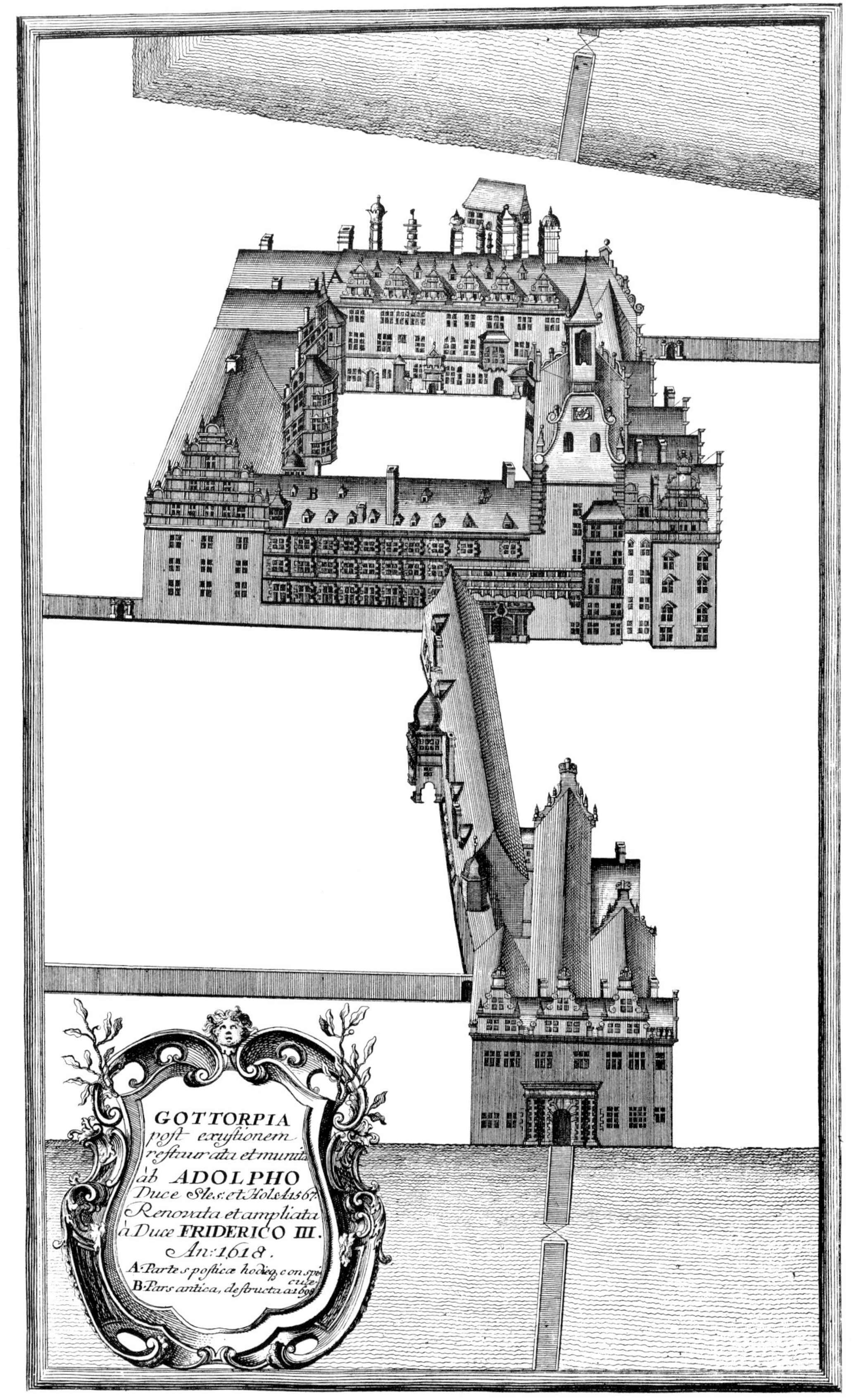
GOTTORPIA
post exustionem
restaurata et munit
ab ADOLPHO
Duce Sles. et Hols. 1567
Renovata et ampliata
a Duce FRIDERICO III.
An: 1618.
A. Partes posticæ hodieg. con spi.
B. Pars antica, destructa a 1698

Reinbek – Jagdschloß im südlichen Landesteil

AB 1571 ENTSTAND IN DER SÜDLICHEN EXKLAVE DES HERZOGTUMS GOTTORF AUF altem Klostergrund ein Neubau, der als einziger von Adolfs Schloßbauten weitgehend in ursprünglicher Form erhalten geblieben ist. Entstellungen, die im wesentlichen erst nach 1874, als das Schloß zum Hotel umgebaut wurde, geschehen sind, wurden im Zuge der seit 1977 andauernden Restaurierungskampagne rückgängig gemacht.

Reinbek war Adolfs erster vollkommen frei konzipierter Bau, dem noch zwei weitere folgten: Husum und Tönning. Sicherheitsgedanken spielen hier keine Rolle mehr, deutlich dagegen werden ganz bestimmte Vorstellungen von höfischer Architektur, die den fürstlichen Wohn- und Repräsentationsbedürfnissen zeitgemäßen künstlerischen Ausdruck geben. Adolfs weiter Bildungshorizont, seine dynastischen Beziehungen stehen in Reinbek hinter einer durchaus eigenständigen Symbiose unterschiedlichen europäischen Formengutes.

Der zweigeschossige Dreiflügelbau aus Backstein mit schiefergedeckten Walmdächern weist im baukünstlerischen Detail wie in der Bautechnik so eindeutig niederländische Prägung auf, daß der Eindruck sich zunehmend verdichtet hat, nicht nur der unbekannte Architekt, sondern auch die ausführenden Handwerker seien aus den Niederlanden gewesen. Charakteristisch sind die den leuchtendroten Backstein mit weißem Fugennetz durchziehenden Sandsteinbänder, die in ihr strenges Gliederungssystem die ebenfalls mit Sandstein gerahmten Fenster mit einbeziehen, die Ausbildung der Fenster selbst mit bleiverglasten Oberlichtern und durch Holzlu-

Links oben:
Schloß Reinbek. Ostflügel mit den freigelegten Arkaden, Turm
und Südflügel, 1986.
Links unten:
Schloß Reinbek. Turm, Südflügel mit ehemaligem corps de logis
nach der Wiederherstellung des Äußeren 1986.

ken verschließbaren Unterteilen, weiterhin im Innern die schweren Deckenbalken-konstruktionen mit Tochterbalken und furnierten Bretterlagen. Ein wesentliches Kennzeichen der niederländischen Bauart ist schließlich die spezielle Form des Dachstuhls aus Eichengebinden mit krummgewachsenen Ständern, die von den senkrechten Mauern in die Dachschräge überleiten.

Daß Reinbek kein Einzelfall in der Beschäftigung niederländischer Spezialisten war, zeigen noch heute vergleichbare Bauten jener Zeit wie das Torhaus in Seedorf, die Herrenhäuser Ludwigsburg (Reste des Vorgängerbaues) und Hoyersworth, das Husu-mer Schloß und Häuser aus der Gründungszeit in Friedrichstadt.

Das in Gottorf nur mehr schematisch faßbare Arkadenmotiv wird in Reinbek in ver-feinerter Form als klassische Säulenarkade wiederaufgenommen. Hier zeigt sich der Einfluß der italienischen, auf der Antike fußenden Architekturtheorie, wie sie vor allem von Sebastiano Serlio über Frankreich in den Norden vermittelt wurde. Ent-wicklungsgeschichtlich geht die Dreiflügelanlage Reinbek, wie die jüngste Literatur deutlich machen konnte, auf den französischen Schloßbau in der ersten Hälfte des 16. Jahrhunderts unter Franz I. zurück, dies insbesondere auch in der freien, auf jede Wehrhaftigkeit verzichtenden Komposition in die Landschaft und in der reichen Durchfensterung, die wir allerdings auch schon in Kiel vorfanden. Als Beispiele wer-den genannt: Das in den 1540er Jahren erbaute, später abgebrochene Schloß Meudon von Philibert Delorme sowie die in den Dreißiger Jahren entstandenen Schlösser Vil-landry und Écouen. Letzteres besitzt einen eingeschossigen Eingangsflügel, den auch Reinbek – in ungleich bescheidenerer Form – ursprünglich aufwies. Als Jagd-schloß nur für vorübergehenden Aufenthalt gedacht, war Reinbek das erste «maison de plaisance» moderner französischer Prägung im Norden.

Auch die augenfällige Asymmetrie der Anlage entsprach dem spezifisch französi-schen Architekturverständnis, die einzelnen Gebäudetrakte ihrer Funktion entspre-chend auszubilden. So wird schon in der äußeren Form die unterschiedliche Nut-zung deutlich – ganz im Gegensatz zu dem wenige Jahre vorher fertiggestellten Bau

Rechte Seite:
Schloß Reinbek. Ostansicht und Obergeschoßgrundriß von 1776.
Landesmuseum Schleswig.

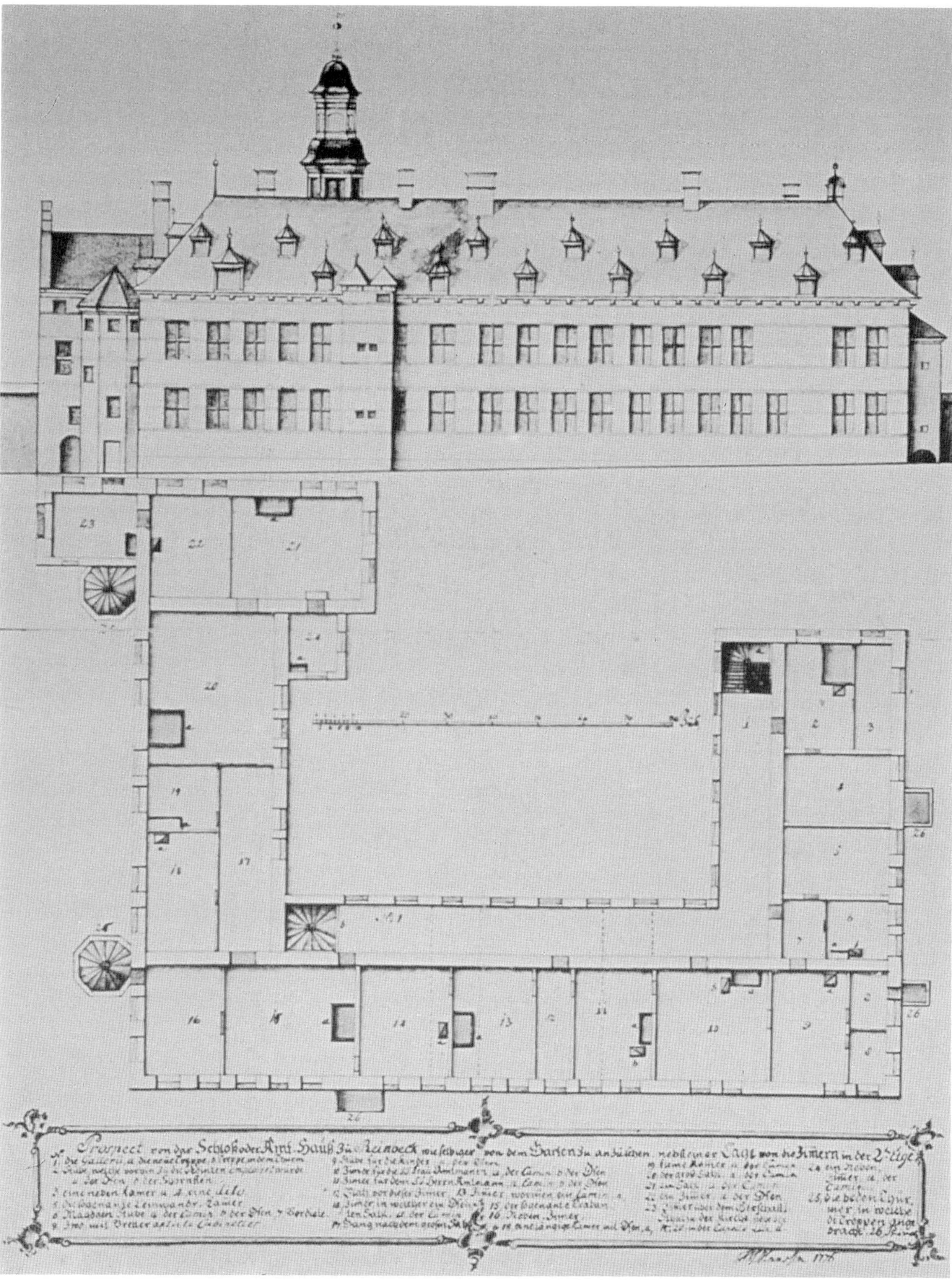

Prospect von dem Schloß oder Amt Hauß zu Reinbeck wie selbiger von dem Garten zu ansehen, nebst einer Lage von die Zimmer in der 2te Etge

in Kiel. In Reinbek stimmen Anschauung und die bisherige Quellenkenntnis dabei überein: der rechte arkadenlose Flügel mit dem davor liegenden Kopfbau und dem laternenbekrönten Treppenturm in der Hofecke erweist sich als corps de logis, also als der fürstliche Wohntrakt, der querliegende Ostflügel und der Nordflügel, beide mit Arkadengang und darüberliegendem Korridor als Bedienstetentrakte. Direkte Zugänge zu den Wohnräumen, wie letztere sie hatten, waren in den herrschaftlichen Gemächern unerwünscht, hier gelangte man vom Treppenturm als ursprünglich einzigem Zugang nur über eine Folge von Vorsälen zu den eigentlichen Privaträumen des Fürsten im Obergeschoß.

Husum – Residenz an der Westküste

Auch das Schloss vor Husum, wie es seit alters heisst, steht noch, jedoch läßt der im 18. Jahrhundert vernüchterte und reduzierte Bau bis auf den 1980 rekonstruierten Turmaufsatz zumindest äußerlich nichts mehr von seiner einstigen Wirkung ahnen. Im Gegensatz zu den übrigen Schlössern Adolfs ist der Husumer Bau jedoch gut dokumentiert. 1749, zwei Jahre vor dem barocken Umbau des Schlosses durch Landbaumeister Otto Johann Müller, veröffentlichte der dänische Architekt Laurids de Thurah in seinem umfassenden Stichwerk «Den Danske Vitruvius» über «derer merkwürdigsten Gebäude des Königreichs Dännemark und der Königlichen Teutschen Provintzen» neben anderen schleswig-holsteinischen Bauten auch die schönen Ansichten und Grundrisse des damals noch unveränderten Renaissanceschlosses in Husum. Weitere Ansichten, Planzeichnungen, Akten und Inventare, die über die Bau- und Ausstattungsgeschichte Auskunft geben, befinden sich in den

Archiven. Manche Hinweise auf den Bau des 16. Jahrhunderts erbrachten die seit 1975 laufenden Restaurierungsarbeiten.

Auch «vor Husum» konnte Adolf den Grund eines aufgelassenen Klosters nutzen, als er unmittelbar nach der Fertigstellung von Reinbek daran ging, in dem zentralen Ort seiner an der Westküste gelegenen Landesteile ein weiteres Residenzschloß zu errichten. In den Jahren 1577 bis 1582 wuchs hier ein Bau empor, der dem Reinbeker Schloß ähnlich war, in seinem äußeren Erscheinungsbild aber zu ungleich größerer Prachtentfaltung kam.

Zwar verzichtete man in Husum auf das delikate Arkadenmotiv, möglicherweise der schärferen Witterung wegen, die an der Nordseeküste herrscht, dafür stattete man die jetzt streng symmetrisch gebildete Dreiflügelanlage mit aufwendigen Schweifgiebeln aus Sandstein, drei Treppentürmen und mannigfaltigen Turm- und Schornsteinbekrönungen aus. Ebenso wie in Reinbek waren die Fassaden, Dächer, Gauben und Fenster, auch wohl das Innere gestaltet, so daß zu vermuten ist, daß derselbe niederländische Bautrupp wie dort anschließend in Husum tätig gewesen ist. Als Architekt wird der Holländer Peter von Mastricht genannt, der 1601 das Husumer Rathaus baute, doch ist dies keineswegs sicher.

Mit seiner umgebenden Hofbebauung und den später hinzugekommenen Gebäuden, dem äußeren Torhaus von 1612 und dem um 1630 entstandenen Amtshaus sowie weiteren Wirtschaftsgebäuden und dem mauerumschlossenen Garten bildete das Husumer Schloß nicht nur einen zeitweiligen Wohnplatz des Herzogs, sondern mehr als alle anderen Schlösser seine zweite Hauptresidenz. Es war Pendant zu Gottorf an der Westküste, Ausgangspunkt seiner Handelsbestrebungen, die in die Niederlande und nach England tendierten, ebenso wie seiner Entwicklungspolitik an der Küste, die dem kleinen Herzogtum durch Eindeichung der vorgelagerten Marsch wertvolles Neuland hinzugewinnen sollte.

In diesem Anspruch mag auch die Planung des Schlosses, die Symmetrie seiner Anlage sowie die abgestufte Ausbildung der einzelnen Bauteile – ähnlich wie in

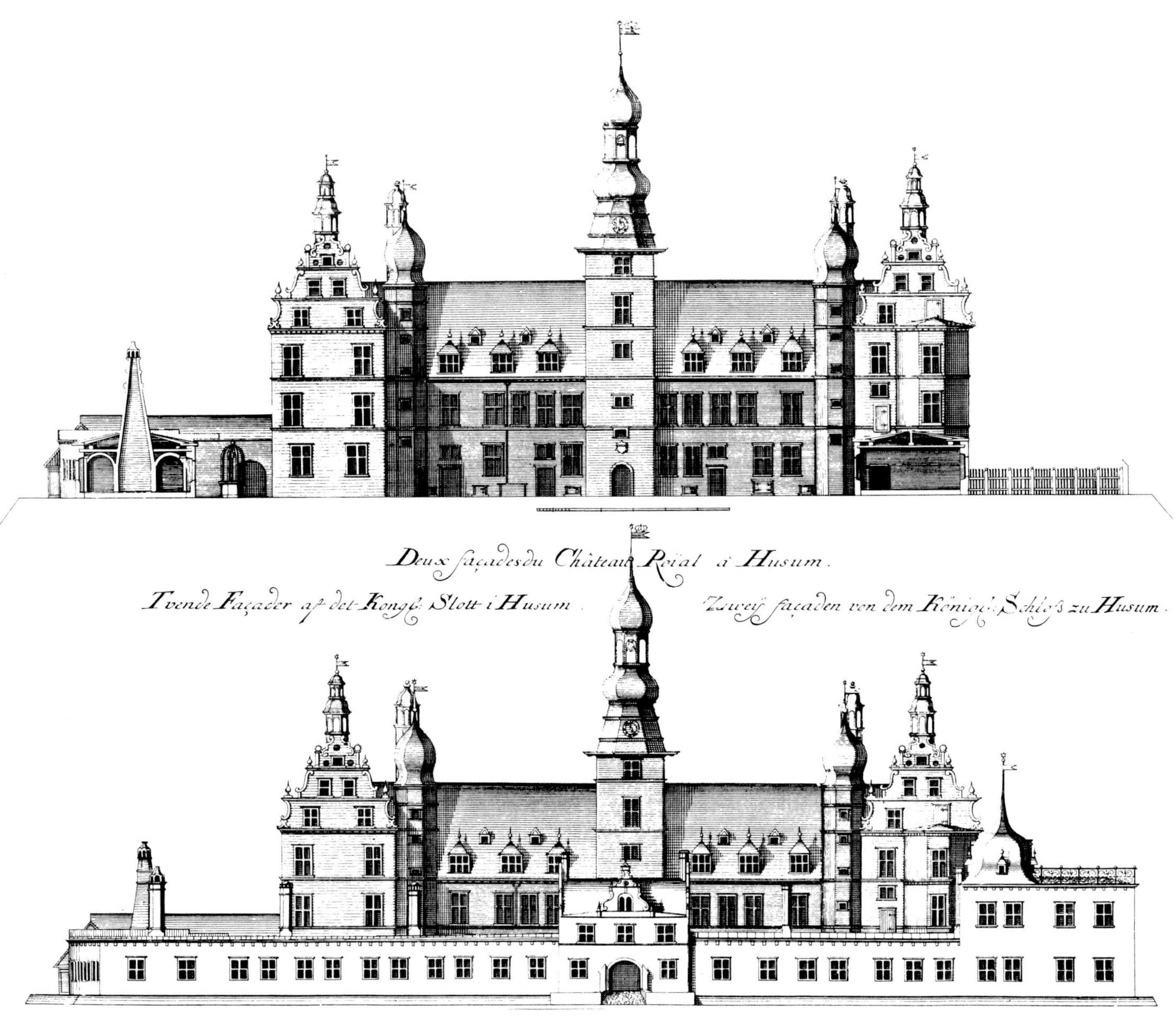

Schloß vor Husum. Kupferstich 42,5 : 27,1 cm, aus Laurids de Thurah: Den Danske Vitruvius, Band II, Kopenhagen 1749.

Reinbek, aber weitergehend –, begründet sein: Dem hohen Mittelturm mit kupfer-
beschlagener Laterne, der als Sichtzeichen der Fürstenmacht vor der Fassade des
zweigeschossigen, langgestreckten Saalflügels steht, antworten auf den Seiten die
um ein volles Geschoß erhöhten Wohntrakte des Herzogs im Süden und der Herzogin im Norden als eigentliche Hauptbauten, jeder mit eigenem Treppenturm und
reich geformten Schweifgiebeln an beiden Fronten.

Im 17. Jahrhundert dienten Schloß und Amt Husum, ebenso wie Kiel, als Leibgedinge und Witwensitz der Gottorfer Herzoginnen. Augusta, die Frau Johann Adolfs,
des dritten Sohnes (und Nachfolgers) Herzog Adolfs, ließ das Schloß mit erhebli-
chem Aufwand ausbauen. Auf ihre Zeit geht die Einrichtung der ehemaligen Schloßkapelle im Südflügel zurück, deren bedeutender Silberaltar heute im Kopenhagener
Nationalmuseum zu besichtigen ist. Vor allem aber hat sie in den Jahren ab 1613 die
noch erhaltenen sechs Prachtkamine aufstellen lassen, die bis heute Husums Ruhm
sind und von denen leider der bedeutendste, der sogenannte Todeskampf-Kamin aus
dem Rittersaal, 1919 an das Berliner Kaiser-Friedrich-Museum, das heutige Bode-
Museum im Ostteil der Stadt, verkauft wurde. Henni Heidtrider, dem vier der
Kamine zugeschrieben werden, bezeugte eigenhändig in den Kieler Amtsrechnungen, daß er 1612/13 in seiner Werkstatt auf dem alten Kieler Schloß 166 Tage «uff den
von Alabaster gehouwn Schornsteinen so nach Husum gekommen» gearbeitet habe.
Auch das in alter Schönheit erhaltene äußere Torhaus wurde 1612 unter Augusta
erbaut.

Der Niedergang des Husumer Schlosses begann im 18. Jahrhundert, als die Gottorfer
Herzöge infolge des für sie unglücklich verlaufenen Nordischen Krieges ihren
Schleswiger Anteil an die dänische Krone ausliefern mußten. Noch 1710 hatte das
Schloß eine Sammlung von 598 Gemälden besessen! Doch jetzt stand es leer und
verfiel zusehends. Ein totaler Abbruch wie in Tönning 1735 konnte zwar vermieden
werden, doch fiel dem radikalen Umbau Müllers (1751/52) der Renaissance-Charak-
ter des Schlosses nahezu restlos zum Opfer. Lediglich die Kamine wurden sorgfältig

geborgen und wieder eingebaut. Als 1792 schließlich die Spitze des einzig erhaltenen Mittelturmes abgebrochen wurde, blieb nur mehr ein Torso zurück, als Amtsgebäude mit nüchtern in Büros aufgeteilten Sälen ein Schatten seiner großen Vergangenheit. Die Instandsetzungsarbeiten der letzten Jahre haben die Wiederherstellung des barocken Zustandes von 1752 zum Ziel.

Wappen Herzog Johann Adolfs von Holstein-Gottorf über dem Turmportal des Husumer Schlosses. Epitaphartig gefaßt, mit der Unterschrift: VGG: IOHAN ADLF. Z. N. H. ZSH. ...V. D. A D 1613.

Tönning – Architektonisches Kleinod
an der Eidermündung

MIT DEM ABBRUCH DES SCHLOSSES IN TÖNNING 1735 DURCH LANDBAUMEISTER
Claus Stallknecht verschwand der eigenartigste unter Adolfs Schloßbauten früh von
der Bildfläche. Nur wenige Ansichten und Zeichnungen überliefern sein Erscheinungsbild, immerhin genau genug, um eine klare Vorstellung von dem fünftürmigen
Bau zu bekommen. Dem bekannten Stich von Braun-Hogenberg 1584 steht eine auf
den Festungskommandanten Zacharias Wolf zurückgehende Ansicht der Eingangs-
front mit Grundriß des Erdgeschosses von 1713 gegenüber, die die Türme korrekter
wiedergibt.

Das Schloß wurde von 1581 bis 1583 (1584) durch Herkules Oberberg erbaut, als letztes vor dem Tode Adolfs 1586, sieht man von seiner späten Bautätigkeit am Tonder-
ner Schloß ab. Zwei wesentliche Merkmale, die es von den übrigen Schloßbauten
Adolfs unterscheiden, fallen sofort ins Auge: einmal der streng durchgeführte Charakter des Zentralbaues, zum anderen die vier mächtigen, vorspringenden Ecktürme, die mit ihren vielfach gestuften Bekrönungen den Kernbau weit überragen.
Ihnen gesellte sich als fünfter der etwas niedrigere Treppenturm in der Mitte der
Rückfront hinzu.

Noch viel deutlicher als bei Reinbek hat in Tönning der italienisch geprägte französische Schloßbau Pate gestanden. Der Grundriß Tönnings führt über la Muette und
Challeau, zwei ab 1542 für Franz I. errichtete Jagdschlösser, in direkter Linie zu der
1540 von Sebastiano Serlio mit Veränderungen publizierten Villa Poggio Reale bei
Neapel, 1487 von Giuliano da Maiano begonnen. Beider Grundrisse stimmen bis in

die Proportionen so frappierend überein, daß man geneigt ist, dem Tönninger Baumeister, eher noch seinem weitgereisten Bauherrn Herzog Adolf bei vielleicht flüchtiger Kenntnis der französischen Bauten den Besitz einer Serlio-Ausgabe direkt zuzuschreiben (wiewohl eine solche in dem frühesten Verzeichnis der Gottorfer Bibliothek von 1590 nicht auftaucht).

Vor allem in drei Punkten zeigen sich diese Übereinstimmungen: einmal in dem großen Saal, der im Kernbau liegt, dann in der Aufteilung der Ecktürme in dreiteilige Wohnappartements, die in Tönning nur leicht modifiziert werden, schließlich in dem Loggienmotiv, das in Tönning zumindest an der Eingangsseite überliefert und bei der abgebildeten Ansicht von 1713 offenbar mit einer späteren Vermauerung dargestellt ist.

Vollkommen losgelöst von diesen direkten Vorbildern stellt sich dagegen die Höhenentwicklung des Gebäudes dar, die auf der Ansicht von Wolf einigermaßen genau wiedergegeben erscheint. «In Tönning war bei kleinster Abmessung» (Grundfläche etwa 36 mal 30 Meter) «ein Höchstmaß an Wirkung erreicht», wie Hirschfeld schreibt, und das war sicher auch beabsichtigt: das Schloß als Stadtkrone; mit seinem Streben nach Symmetrie, Regelmäßigkeit und Ordnung – verdeutlicht in der Säulenordnung der Loggienfront – war es die Krönung des Lebenswerkes eines sich bewußt als Renaissancemensch begreifenden Fürsten, zugleich Höhepunkt der Renaissancearchitektur im Lande, die sich nach Tönning wieder konventionelleren Vorbildern zuwandte.

Tönning entstand vor dem Hintergrund des ehrgeizigen Kanalbauprojektes, mit dem Herzog Adolf Ostsee und Nordsee schon damals verbinden wollte, das aber an den politischen Realitäten seiner Zeit scheiterte. Es fiel als intakter Bau mit dem Niedergang der Gottorfer, nach ihrer ebenso ehrgeizigen und zum Scheitern verurteilten Teilnahme am Nordischen Krieg, der Zentralisierungspolitik Dänemarks zum Opfer.

Auch der Neubau des Kieler Schlosses ist schon Geschichte. Die Diskussionen der

Das Hoch fürstliche Schloss gebauet A.o 1584.

LOGIA
LOGIA
SALA
LOGIA
LOGIA

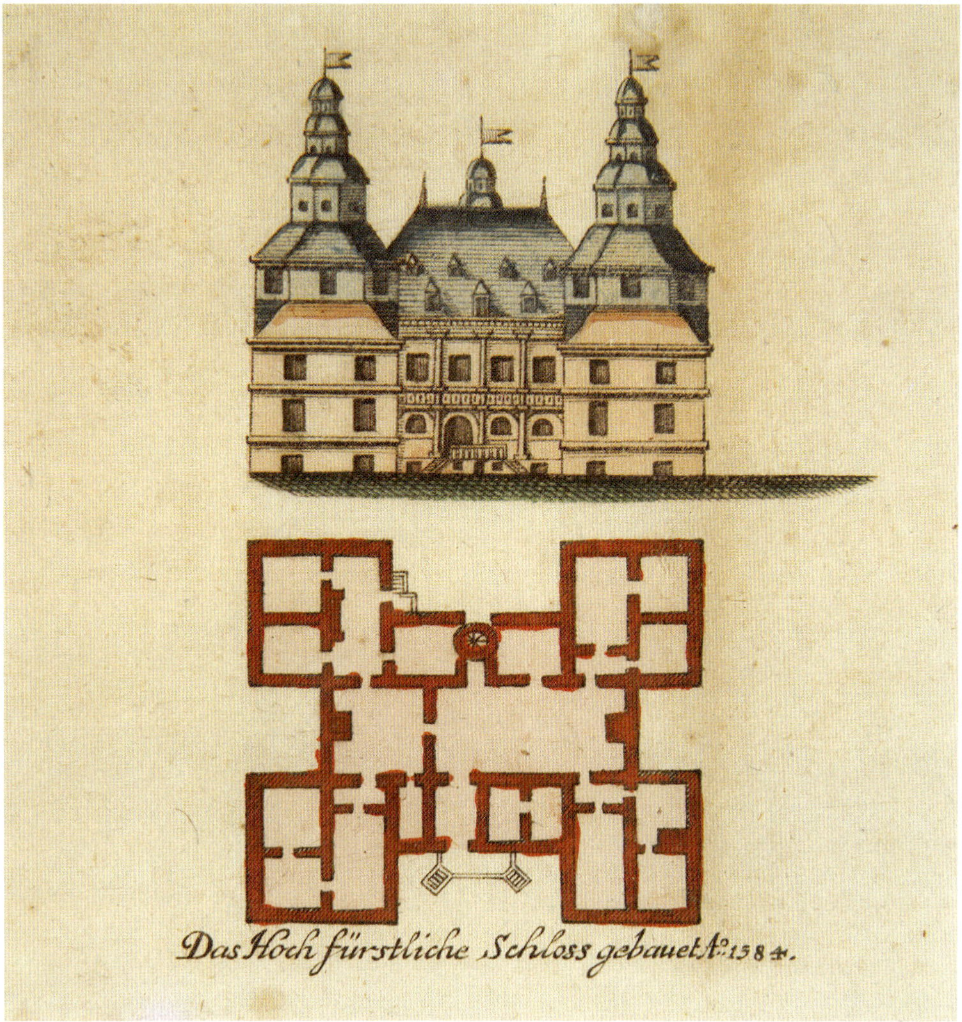

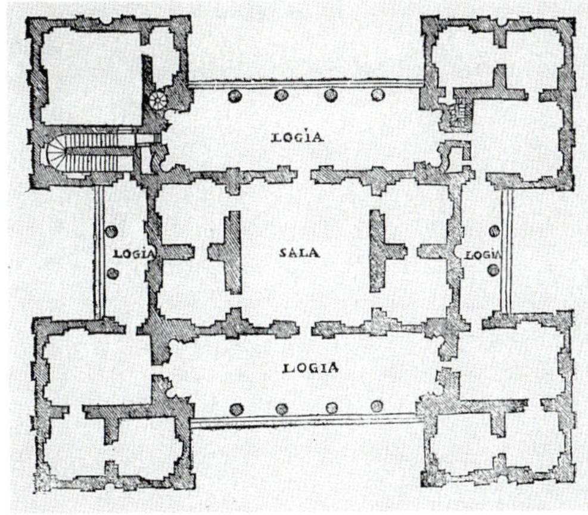

fünfziger Jahre um Erhaltung und damit Rekonstruktion der Ruine, Teilerhaltung des Herzog-Adolf-Baus und des Südflügels oder einen vollständigen Neubau in zeitgemäßen Formen mündeten in einem Kompromiß: Der einigermaßen unbeschädigte Westflügel des Pelli-Baus wurde saniert, alle übrigen Teile abgebrochen und durch moderne Bauten ersetzt. Bei aller Kritik, die diese Lösung in der Folgezeit auf sich zog, ist nicht zu vergessen, daß die markante städtebauliche Dominanz des alten Schlosses im Sinne der «Wiederherstellung eines an besonders bevorzugter Stelle empfindlich gestörten Stadtbildes» (Wettbewerbsbedingung zum Wiederaufbau des Schloßbereichs 1957) gewahrt wurde. Zu würdigen ist darüber hinaus, daß die kulturellen Traditionen dieser geschichtlichen Stätte von den Initiatoren des Wiederaufbaus in eindrucksvoller Weise weitergeführt wurden. So sind heute in unmittelbarer und befruchtender Nachbarschaft im Schloß und seinen Nebengebäuden unter anderem beheimatet: Die Schleswig-Holsteinische Landesbibliothek mit der Historischen Landeshalle, das Landesamt für Denkmalpflege, die Pommernstiftung, der Norddeutsche Rundfunk, ein Konzertsaal für 1200 Personen und schließlich, da auch Essen und Trinken etwas mit Kultur zu tun haben, das Schloßrestaurant.

Ein letztes Wort zum eingangs erwähnten Schloßturm: Ursprünglich sollte der alte Nordturm des Renaissanceschlosses in den Neubau mit einbezogen werden. Als er jedoch nach dem Abbruch des Gebäudes allein auf dem planierten Terrain stand, erwies er sich aus statischen Gründen als nicht länger haltbar. Er wurde gesprengt und in der bestehenden Form – als Reminiszenz und ganz profan als Fluchttreppenhaus – neu aufgeführt.

*Portal des Schlosses Tönning. Gezeichnet von Adam Hörislamb
1649. Kunstakademie Kopenhagen.*

Benutzte Literatur

Georg Braun und Franz Hogenberg: Civitates Orbis Terrarum, 6 Bde. 1572–1618, Bd. IV Köln 1588

Caspar Danckwerth und Johannes Mejer: Newe Landesbeschreibung der zwey Herzogthümer Schleswich und Holstein . . ., Husum 1652

A. J. Torquatus à Frangipani: Christiano-Albertinae Inauguratio, o. O. 1666

J. Taillefas: Skizzen einer Reise nach Holstein . . ., Hamburg 1819

Friedrich Prahl: Chronica der Stadt Kiel, Kiel 1856

Richard Haupt: Die Bau- und Kunstdenkmäler der Provinz Schleswig-Holstein, Bd. 1 Kiel 1887

Johannes Biernatzki: Zur Bau- und Ausstattungsgeschichte des Schlosses Kiel, o. J. (um 1890) – unveröffentlichtes Manuskript in der Landesbibliothek Kiel

Hermann Eckardt: Alt-Kiel in Wort und Bild, Kiel 1899

Richard Haupt: Burgen im Herzogtum Schleswig, Berlin 1916

Friedrich Lorenzen: Das Kieler Schloß, in: Die Heimat 23 (1916) S. 178 ff.

Arthur Gloy: Aus Kiels Vergangenheit und Gegenwart, Kiel 1926

Ludwig Andresen: Die Burg Kiel um 1500, in: Mitteilungen der Gesellschaft für Kieler Stadtgeschichte 37 (1934) S. 51 ff.

Otto Brandt: Geschichte Schleswig-Holsteins, Kiel 1957

Georg Eimer: Schwedische Offiziere als Baumeister in Schleswig-Holstein, in: Nordelbingen 30 (1961) S. 103 ff.

Carl-Heinrich Seebach: Das Kieler Schloß, Neumünster 1965 – Umfassendste Darstellung von Geschichte und Baugeschichte des Schlosses mit ausführlichen Quellen- und Literaturhinweisen

Derselbe: Das Schloß zu Kiel, in: Gottorfer Kultur im Jahrhundert der Universitätsgründung, Ausstellungskatalog, hrsg. von Ernst Schlee, Kiel 1965

Ernst Schlee: Kulturgeschichtliches Bilderbuch vom alten Kiel, Kiel 1977

Dirk Dähnhardt: Revolution in Kiel, Neumünster 1978

Olaf Klose und Richard Sedlmaier: Alt-Kiel und die Kieler Landschaft, 3. Auflage Heide 1979

Peter Hirschfeld: Herrenhäuser und Schlösser in Schleswig-Holstein, 5. Auflage München 1980

Wolfgang Teuchert: Bericht über neue Ergebnisse der Bauforschung des Landesamtes für Denkmalpflege Schleswig-Holstein 1969–1984, in: Nordelbingen 54 (1985) S. 193 ff.

Antje Erdmann-Degenhart: Katharina die Große und Caspar von Saldern, Rendsburg 1986

Matthias Landt: Die Schloßbauten des Gottorfer Herzogs Adolf im 16. Jahrhundert, Kiel o. J. (1986)

Johannes Habich: In neuem Glanz: Schloß Reinbek, in: Schleswig-Holstein Kulturjournal 2 (1986) S. 47 ff.

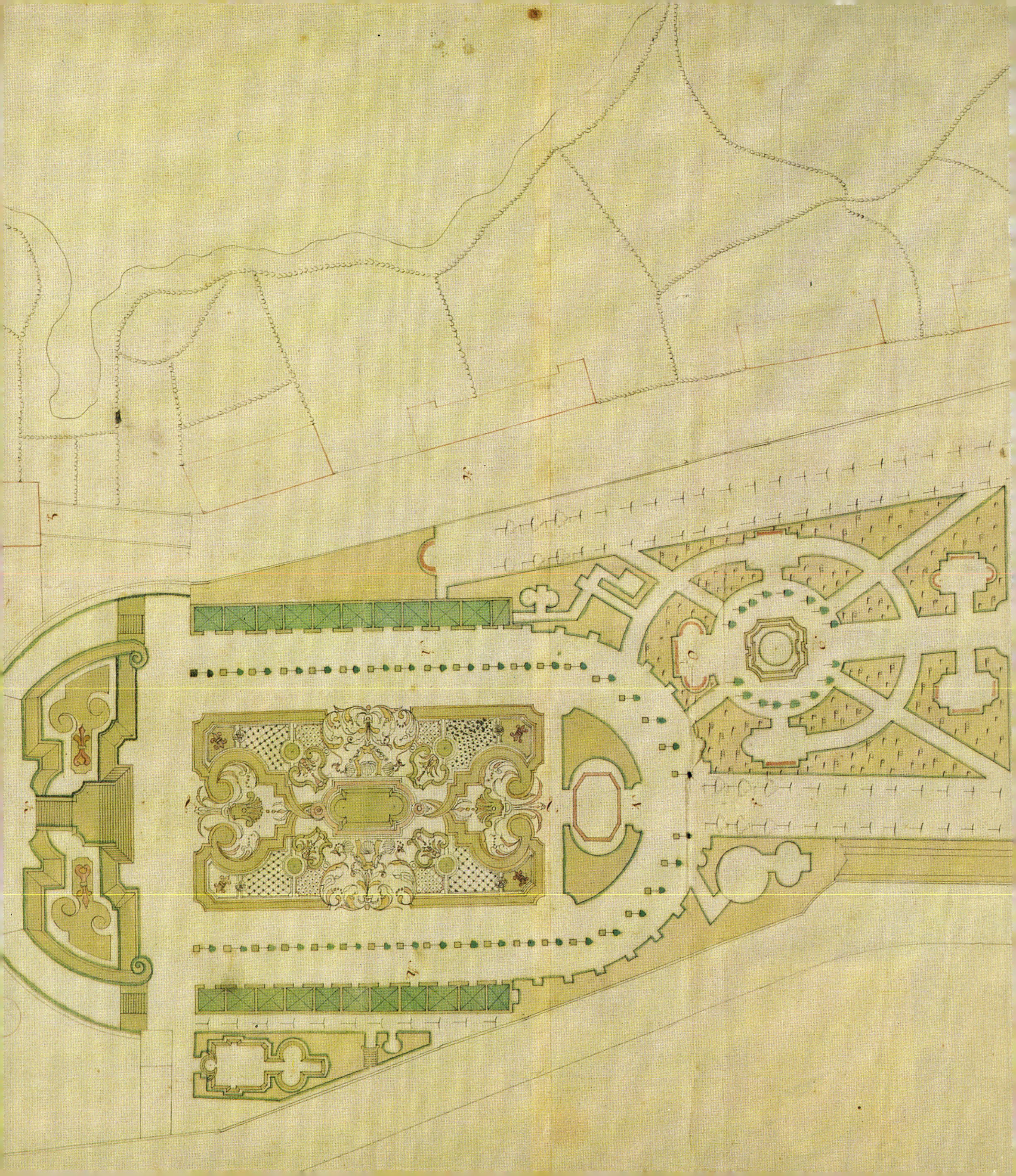